Rechenschwache Kinder individuell fördern

Ein systematisches Programm mit editierbaren Materialien

Claudia Herdemeier

Verlag an der Ruhr

Titel
Rechenschwache Kinder individuell fördern
Ein systematisches Programm mit editierbaren Materialien

Autorin
Claudia Herdemeier

Titelbildmotiv
© Gerhard Seybert – Fotolia.com

Fotos
Claudia Herdemeier

Verlag an der Ruhr
Mülheim an der Ruhr
www.verlagruhr.de

Geeignet für die Klassen 1–4

Unser Beitrag zum Umweltschutz:
Wir sind seit 2008 ein ÖKOPROFIT®-Betrieb und setzen uns damit aktiv für den Umweltschutz ein. Das ÖKOPROFIT®-Projekt unterstützt Betriebe dabei, die Umwelt durch nachhaltiges Wirtschaften zu entlasten.
Unsere Produkte sind grundsätzlich auf chlorfrei gebleichtes und nach Umweltschutzstandards zertifiziertes Papier gedruckt.

ISBN 978-3-8346-2255-6

Printed in Germany

„Nahezu alle Grundschüler mit Lernschwierigkeiten im Mathematikunterricht werden im Laufe des 1. Schuljahres zählende Rechner. Sie verfestigen diese Strategie und ohne individuelle Förderung bleiben sie über mehrere Schuljahre „Zähler". [...] Sie sehen kaum Beziehungen zwischen den Zahlen und greifen somit nur sehr selten auf bekannte Zahlensätze zum Lösen einer Aufgabe zurück."
(Lorenz/Radatz 1993, S. 116)

Meine Erfahrungen mit rechenschwachen Kindern bestätigen diese Aussagen. Das entscheidende Merkmal dieser Kinder ist das „zählende Rechnen", unabhängig davon, ob das Kind die 2., 3. oder 4. Klasse besucht. Ich habe Kinder aus der 4. Klasse kennengelernt, die sogar im Zahlenraum bis 20 überwiegend zählend zum Ergebnis der Aufgaben kommen.

Während im Anfangsunterricht die Zählkompetenz der Schulanfänger* aufgegriffen, vertieft und genutzt wird, sollten sich die Kinder im Verlauf des 1. Schuljahres **vom zählenden Rechnen lösen** und ihre Zählstrategie durch effektivere Rechenstrategien erweitern bzw. ersetzen. Gerade damit haben rechenschwache Kinder Probleme, zumal sie im Zahlenraum bis 20 sicher und schnell durch Zählen zum Ergebnis kommen. Kinder mit Lernschwierigkeiten klammern sich an ihre vertraute Zählstrategie und sind nicht bereit, den für sie sicheren und erfolgreichen Weg zu verlassen.
Sie verfestigen ihre Zählstrategie, erkennen kaum **strukturelle Zusammenhänge im Zahlenraum** und sind so nicht in der Lage, Ableitungsstrategien zu nutzen. Dementsprechend können sie sich nur wenige **Grundaufgaben einprägen**. Die fehlende Automatisierung von Wissenselementen und Fertigkeiten hat wiederum zur Folge, dass es den Kindern schwerfällt, **Muster und Strukturen zu erforschen**.

Aus der Problematik des zählenden Rechnens ergeben sich Konsequenzen für die individuelle Förderung dieser Kinder. Die ausgewählten Fördermaßnahmen sollen mit geeigneten Anschauungsmitteln den Aufbau der fehlenden Strukturen unterstützen und die Einsicht in strukturelle Beziehungen verstärken.
(vgl. Walther et. al., 2008, S. 74)

Die von mir ausgewählten und in diesem Buch dargestellten Förderschwerpunkte versuchen, diesen Forderungen gerecht zu werden. Die **Fördermaßnahmen**, die sowohl der **Intervention** als auch der **Prävention** dienen, sollen den Kindern helfen, sich vom zählenden Rechnen zu lösen und die verfestigte Zählstrategie durch **geschicktes Rechnen** zu überwinden.
Mathematik ist die Wissenschaft der **Muster, Beziehungen und Strukturen**. Verharren zählende Rechner bei ihren Zählstrategien, kommen sie kaum mit diesen Aspekten in Berührung. Das Reich der Zahlen bleibt für sie ein undurchdringbarer, Angst einflößender Urwald, den sie möglichst vermeiden, zu betreten. Diese Kinder verlieren immer mehr an Selbstvertrauen und entwickeln ein **negatives Selbstkonzept**, das sich schnell auf andere Fächer übertragen kann.
Die Anregungen dieses Buches sollen helfen, den Kindern geschickte Wege durch den Urwald der Zahlen zu ermöglichen. Die Schüler sollen herausfinden, dass das Reich der Zahlen durch Regelmäßigkeiten, Muster und Strukturen geordnet ist, und lernen, sich durch das Nutzen der Strukturen sicher und geschickt im Zahlenraum zu bewegen.

---

* *Aus Gründen der besseren Lesbarkeit haben wir in diesem Buch durchgehend die männliche Form verwendet. Natürlich sind damit auch immer Frauen und Mädchen gemeint, also Lehrerinnen, Schülerinnen etc.*

Teil 1

Grundlagen und Methoden der Förderung

Zählstrategien zählender Rechner

Zählende Rechner verwenden bei der Addition und Subtraktion vorherrschend zählende Verfahren. Sie konzentrieren sich beim Zählen auf die Nachbarzahlen. Bei der Addition zählen sie „immer eins weiter" und bei der Subtraktion „immer eins zurück". Im Anfangsunterricht lassen sich bei der Lösung von Additions- und Subtraktionsaufgaben die Zählstrategien „Alleszählen" und „Weiterzählen" unterscheiden.

(vgl. Lorenz/Schipper 2007, S. 110–116; Schipper 2009, S. 103–107; Padberg 1992, S. 76–78)

Das Alleszählen

Diese Zählstrategie wird vor allem im Zusammenhang mit Material verwendet. Bei der Addition werden beide Summanden getrennt gezählt. Abschließend wird die Gesamtmenge, die Summe, ausgezählt. Auch bei der Subtraktion sind drei Zählprozesse erforderlich. Zuerst wird der Minuend gezählt, dann wird der Subtrahend gesondert abgezählt und die Menge zur Seite geschoben. Zuletzt wird der Rest, die Differenz, ausgezählt.

Das Weiterzählen

Bei der Addition unterscheidet man bezüglich des Weiterzählens drei Strategien:

- das Weiterzählen vom ersten Summanden aus
- das Weiterzählen vom größeren Summanden aus
- das Weiterzählen in Schritten

Bei Subtraktionsaufgaben handelt es sich bei der Strategie des Weiterzählens entweder um ein Rückwärtszählen oder um ein vorwärtszählendes Ergänzen.

Zur Kontrolle der teilweise sehr komplexen Zählprozesse benötigen zählende Rechner Repräsentanten. So wird das zählende Rechnen oft durch Bewegungen der Finger unterstützt, manchmal sogar unter Zuhilfenahme der Lippen, die von den Fingern der Reihe nach berührt werden.
Zählende Rechner verstecken gerne das Fingerrechnen, da sie erfahren, dass das zählende Rechnen als Leistungsschwäche gedeutet wird und sie sich nicht bloßstellen möchten. Zudem verbieten oft Eltern und Lehrer das Rechnen mit Fingern.

Zählende Rechner sind sehr einfallsreich, ihre Zählstrategie zu verbergen, und entwickeln individuelle Verfahren, mit deren Hilfe sie fast unsichtbar zählen können:

- durch Verstecken der Hände unter dem Tisch, unter den Oberschenkeln, im Haar usw.
- durch unbemerktes Klopfen mit den Fingern auf den Tisch, unter dem Tisch oder mit den Füßen
- durch Kopfnicken
- durch Muskelanspannung in den Fingern, Füßen oder Beinen
- durch Zählen mit den Augen von Gegenständen im Klassenraum, z.B. von Stiften in der Federmappe, Platten der Deckenverkleidung, Plakaten an der Wand etc.

Erfahrungswerte:
Die rechenschwachen Kinder, die ich in kleinen Gruppen in der Schule oder im Einzelunterricht zu Hause fördere, befinden sich im 2., 3. oder 4. Schuljahr. Während das zählende Rechnen im 1. Schuljahr legitim ist und nicht unbedingt auf eine Rechenschwäche hinweist (zumal ja im Anfangsunterricht das Zählen aufgegriffen und geübt wird), macht das zählende Rechnen im Laufe des 2. Schuljahres, insbesondere im 2. Halbjahr, auf Rechenstörungen aufmerksam. Bei diesen Kindern

sollte durch eine individuelle Förderung interveniert werden, da die Gefahr besteht, dass diese Kinder ohne gezielte Förderung beim zählenden Rechnen verharren.

Bei der Diagnose bezüglich der verwendeten Zählstrategie der rechenschwachen Kinder habe ich festgestellt, dass die meisten Kinder bei der Addition die Strategie des Weiterzählens vom ersten Summanden aus nutzen. Einige wenige Kinder zählen bei manchen Aufgaben auch vom größeren Summanden aus weiter. Bei der Subtraktion werden die Aufgaben fast immer durch Rückwärtszählen gelöst.

Sowohl bei der Addition als auch bei der Subtraktion verwenden die Kinder fast immer die Finger als Repräsentant.
Anfänglich werden die Finger noch versteckt, aber schon bald wissen die Kinder, dass sie in der Förderung auch „öffentlich" mit den Fingern zählen dürfen, solange ihnen noch keine andere Strategie zur Verfügung steht. Hier ist es wichtig, sowohl den Kindern als auch den Eltern und den Lehrkräften transparent zu machen, dass die Kinder in der Förderung lernen werden, ohne das Zählen und die Finger zu rechnen, und dass sie so lange zählend rechnen dürfen, bis sie neue Strategien verinnerlicht haben und das zählende Rechnen gar nicht mehr nötig ist.

Probleme zählender Rechner

Am Ende des 1. Schuljahres fallen zählende Rechner ohne eine gezielte Beobachtung selten auf, zumal sie sich mit Hilfe ihrer Zählstrategie im Zahlenraum bis 20 meist sicher und schnell bewegen können. Im Laufe des zweiten Schuljahres jedoch, wenn der Zahlenraum auf 100 erweitert wird, werden die Probleme zählender Rechner deutlich.
(vgl. Bürkner/Grunst 1999, S. 56/57; Ganser 2004, S. 163–165; Lorenz/Radatz 1993, S. 127; Lorenz/Schipper 2007, S. 18, 110, 113–116; Schipper 2009, S. 334–341)

Die unterschiedlichen Zählstrategien erfordern, insbesondere in Zahlenräumen ab 20, eine hohe **Konzentration** und ein gut funktionierendes **Kurzzeitgedächtnis**. Während des Zählprozesses können durch die Überlastung der Merkfähigkeit immer wieder „Verzähler" vorkommen. Oder der Zusammenhang zwischen Aufgabe und Ergebnis gerät aus dem Blick.
Ein typischer Fehler zählender Rechner ist das **Verzählen um +/- 1**. Während der Zählprozedur ist hierbei die Rolle der Anfangs- bzw. der Endzahl unklar, sodass sich eine falsche Zählstrategie verfestigt.

„Zählendes Rechnen liefert nur Einzelfakten. Diese werden aber nicht in ein Beziehungsgeflecht eingebettet, gehen also leicht aus dem Gedächtnis verloren."
(Ganser 2004, S. 163)

Dies führt dazu, dass das **Auswendiglernen von Grundaufgaben** wenig gelingt. Zerlegungs-, Verdopplungs-, Halbierungsaufgaben und weitere Aufgaben des „Kleinen Einspluseins" und des „Kleinen Einsminuseins" werden nicht automatisiert.
Empirische Untersuchungen haben ergeben, dass leistungsschwächere Kinder im Mathematikunterricht ohne geeignete Förderung bis zum 12. Lebensjahr – so weit reichen die Untersuchungen – an ihren Zählstrategien festhalten und sich mehr auf das Zählen verlassen als auf ihr Gedächtnis.

Zählende Rechner sehen kaum Beziehungen zwischen den Zahlen. Strukturen innerhalb des Zahlenraumes bleiben unklar. Zerlegungstechniken, operative Beziehungen, **Ableitungsstrategien** (wie z.B. Analogieaufgaben oder Umkehraufgaben) werden dementsprechend weder erkannt noch genutzt. Jede Aufgabe wird für sich neu zählend berechnet. Der Aufbau eines numerischen Netzwerkes wird dadurch verhindert.

Da das sinnvolle Ableiten auswendig gelernter Kernaufgaben als Voraussetzung für geschicktes Rechnen notwendig ist und zählenden Rechnern das Repertoire an auswendig gewussten Aufgaben fehlt, verharren sie bei nicht effektiven Zählstrategien.
Diese Zählstrategien übertragen zählende Rechner gerne auf zur Verfügung stehende **Arbeitsmittel**, indem sie diese ohne Berücksichtigung von Strukturen für ein Abzählen in Einerschritten nutzen. Das zählende Rechnen wird somit durch das Arbeitsmittel vertieft und verstärkt.
Ohne individuelle Förderung arbeiten sie mit strukturierten Arbeitsmitteln rein zählend, die Strukturen der Arbeitsmittel werden weder erkannt noch genutzt.

In größeren Zahlenräumen als 20 ersetzen zählende Rechner beim Rechnen mit Zahlen gerne ihre nun sehr aufwändige Zählstrategie durch das Rechnen mit Ziffern. Besonders bei Aufgaben mit Überträgen ist das ziffernweise Rechnen sehr fehleranfällig. Die Kinder entwickeln individuelle Fehlstrategien, die sie konsequent anwenden und vertiefen, ein Gespür für Zahlen und Stellenwerte fehlt ihnen.
Insgesamt gesehen entwickelt sich bei zählenden Rechnern im Laufe des 2. Schuljahres ein negatives Selbstkonzept. Die Schere zwischen den Kompetenzen zählender Rechner und den Kompetenzen der Klassenkameraden wird immer größer. Zählende Rechner registrieren dies sehr genau. Sie beobachten, dass sie für die Aufgaben eine weit längere Bearbeitungszeit benötigen als die anderen Kinder. Zudem sind ihre Ergebnisse oft falsch. Ein Teufelskreis beginnt, der ohne individuelle Förderung kaum zu durchbrechen ist. Zählende Rechner verlieren im Bereich Mathematik ihr Selbstvertrauen. Es besteht die Gefahr, dass sich das negative Selbstkonzept auf andere Fächer, in denen sie bislang keine Probleme hatten, überträgt.

Erfahrungswerte:
Die Kinder, die für die schulische Förderung in Kleingruppen von meinen Kollegen ausgewählt werden, fallen durch verschiedene diagnostische Verfahren als rechenschwach auf. Diese Kinder haben solch große Probleme im Mathematikunterricht, dass sie den aktuellen Lernstoff kaum oder gar nicht bewältigen können.

Die Eltern, deren Kinder ich im Einzelunterricht zu Hause fördere, besuchten mit ihrem Kind vorher den schulpsychologischen Dienst, da die schulischen Probleme so gravierend sind, dass die Eltern und oft auch die Lehrkräfte hilflos sind. Die Verzweiflung dieser Eltern ist groß, da sie miterleben, wie ihr Kind zunehmend an Selbstvertrauen verliert und sich ein negatives Selbstkonzept entwickelt. Diese Kinder gehen oft nur noch mit Bauchschmerzen in die Schule. Der Mathematikunterricht flößt ihnen regelrecht Angst ein. Die Eltern berichten mir von dem ausweglosen Kampf mit den Hausaufgaben. Sie möchten ihrem Kind gerne bei der Bewältigung der Hausaufgaben helfen und erleben, dass sie hierbei kolossal überfordert sind und ihre Geduld überstrapaziert wird. Da diese Eltern keinen Ausweg mehr sehen, wenden sie sich an eine außerschulische Institution und erhoffen sich hier die Lösung der schulischen und sogleich psychischen Probleme ihres Kindes.

Ziele des Förderkonzepts

Die wichtigste Zielsetzung des vorliegenden Förderkonzeptes ist es, die zählenden Rechner bei dem Prozess der Ablösung von uneffektiven Zählstrategien zu unterstützen und diese durch geschickte Rechenstrategien zu ersetzen.
Dabei werden folgende Ziele begleitend verfolgt, die zudem als Voraussetzung für den Ablösungsprozess vom zählenden Rechnen gelten.

- Die Kinder sollen eine Zahlvorstellung, ein Zahlverständnis, einen Zahlensinn aufbauen, indem sie ...
  - → Zahlen als Zusammensetzungen aus anderen Zahlen verstehen und somit Einsicht in Zahlstrukturen erlangen *(z.B. Würfelfünf bei der Anzahlermittlung von Punktebildern, Zuordnung von Punktebildern zu Zahlen und umgekehrt, Zerlegungen, dekadischer Aufbau der Zahlen, Übungen zur Simultanauffassung ...),*
  - → Einsicht in strukturelle Beziehungen innerhalb des Zahlenraumes gewinnen *(z.B. Zahlen nach Größe ordnen, fehlende Zahlen in der Zahlenreihe ergänzen, Zahlen vergleichen, Nachbarzahlen, Nachbarzehner ...).*
- Die Kinder sollen Zusammenhänge im „Kleinen Einspluseins" und „Kleinen Einsminuseins" erkennen und diese Zusammenhänge nutzen *(z.B. Aufgabenfamilien, Verdopplungs- und Halbierungsaufgaben, Analogieaufgaben ...).*
- Sie sollen operative Zusammenhänge für die Bewältigung der Rechenoperationen verstehen und anwenden lernen (z.B. Analogieaufgaben, Zehnerübergang, Addition und Subtraktion ...).
- Die Kinder sollen Grundaufgaben auf der Basis von Verständnis automatisieren (z.B. Zerlegungen, Verdopplungs- und Halbierungsaufgaben, Aufgabenfamilien ...).

Erfahrungswerte:
Aus meiner täglichen Arbeit mit rechenschwachen Kindern kann ich bestätigen, dass mit Hilfe dieses Förderkonzeptes alle geförderten Kinder früher oder später ihre Lernziele erreichen.
Sogar lernbehinderte Kinder, die ich im Einzelunterricht fördere, haben die Ziele erreicht. Unterschiede gibt es natürlich beim Tempo, in dem die Kinder die einzelnen Fördereinheiten durchlaufen.
Die meisten Kinder benötigen ungefähr ein Jahr (bei einer Förderstunde pro Woche), bis die Lücken geschlossen sind und sie den Anschluss an den aktuellen Lernstoff erreichen.

Es gibt immer wieder einzelne Kinder, die nach einigen Wochen aus dem Förderunterricht entlassen werden, da bei ihnen viele Grundlagen vorhanden sind und nur einzelne Bereiche aufgearbeitet werden müssen.
Manche Kinder durchlaufen die Fördereinheiten in einem enorm schnellen Tempo, sodass die Fördermaßnahme nach wenigen Monaten abgeschlossen ist.
Bei allen Kindern ist es mir bis jetzt gelungen, den Ablösungsprozess vom zählenden Rechnen so zu begleiten, dass diese Kinder nicht mehr zählend rechnen müssen und sie die uneffektiven Zählstrategien durch geschickte Rechenwege ersetzen.

Diagnose des Lernstands

Am Anfang jeder gezielten Förderung steht die Diagnose des Lernstands des einzelnen Kindes. Auch wenn fast alle rechenschwachen Kinder zählende Rechner sind, zeigt sich dieses Erscheinungsbild in vielen unterschiedlichen Facetten, die es zu diagnostizieren gilt. Die Zone der aktuellen Leistung muss ermittelt werden, um eine gezielte, effektive Förderung planen und durchführen zu können.

Jedes Kind zeigt unterschiedliche Stärken und Schwächen. **Die Förderung knüpft an den Stärken des Kindes an.** Förderliche Entwicklung kann immer nur an den vorhandenen Kompetenzen und Fähigkeiten ansetzen. Effektive Förderung muss deshalb neben der Erfassung der Problembereiche ein besonderes Augenmerk auf vorhandene Potenziale, Fähigkeiten und Ressourcen des Kindes legen.
Achtung: Aus der Feststellung des „Nicht-Könnens" oder des „Nicht-Wissens" kann immer nur das Ziel der Förderung, nicht aber der Anknüpfungspunkt der Fördermaßnahmen bestimmt werden.

Ein Beispiel:
Bei Felix, einem Schüler aus dem 3. Schuljahr, wird überprüft, ob er die Zerlegungen der Zahlen im Zahlenraum bis 10 verstanden und automatisiert hat. Bei der Diagnose wird festgestellt, dass er verstanden hat, was die Zerlegungen einer Zahl bedeuten. Er kann alle Zerlegungen zu den Zahlen 4, 5 und 6 benennen. Bei der Zahl 7 treten bei der Diagnose erste Unsicherheiten auf: Einige Zerlegungen der 7 sind automatisiert (6 + 1 = 7, 1 + 6 = 7, 0 + 7 = 7, 7 + 0 = 7), aber bei den anderen Zerlegungen (2 + 5 = 7, 5 + 2 = 7, 3 + 4 = 7, 4 + 3 = 7) muss sich Felix die Zerlegungen errechnen und kann diese nicht automatisiert benennen. Auch die Zerlegungen zur 8, 9 und 10 sind nicht als auswendig gewusster Wissensbestand bei Felix vorzufinden. Dementsprechend setzt die Förderung bei der Zerlegung zur 7, anschließend zur 8, 9 und 10 an. Es wird auf das „Können" von Felix zurückgegriffen, um das „Nicht-Wissen" zu erarbeiten.

Zur Diagnose der Stärken und Schwächen eines Kindes können verschiedene diagnostische Verfahren herangezogen werden.
(vgl. Bürkner/Grunst 1999, S. 25–27; Ganser 2004, S. 43; Kaufmann/Wessolowski 2006, S. 17–20; Lorenz 2003, S. 17–21, 56; Lorenz/Radatz 1993, S. 59–62; Lorenz/Schipper 2007, S. 109; Radatz 1980, S. 63–67; Radatz/Schipper 1983, S. 212–217; Schipper 2009, S. 337–339, 342, 343; Selter/Spiegel 2001, S. 100–112)

Die **Beobachtung** dient dazu, Daten und Informationen über beobachtbares Schülerverhalten zu sammeln. Durch eine eher zufällige Wahrnehmung fällt z.B. eine hohe Anzahl von Fehlern oder das zu langsame Bearbeiten von Aufgaben auf. Nachdem man auf eine mögliche Lernstörungen aufmerksam geworden ist, erfolgt durch **genaues Hinsehen** eine bewusste, unter Umständen auch eine **systematische Beobachtung** nach festen Beobachtungskriterien. Die Leistungsbereiche des Kindes werden differenzierter wahrgenommen und können eingegrenzt und konkreter beschrieben werden. Bearbeitet ein Kind eine Aufgabe mit Material, so können die Handlungsschritte am Material beobachtet werden, sodass Rückschlüsse auf die Lösungsschritte gezogen werden können.

Bei der **Analyse von schriftlich vorliegenden Aufgabenlösungen** aus Klassenarbeiten, Übungsaufgaben, Hausaufgaben, Tests u.a. können Kompetenzen der Kinder überprüft werden. Die schriftlich fixierten Schülerlösungen geben Aufschluss darüber, ob eine Aufgabe richtig oder falsch berechnet wurde.

Handelt es sich um gleichartige Aufgabenstellungen (z.B. Addition gemischter Zehnerzahlen mit einstelligen Zahlen mit Überschreitung des Zehners, wie 78 + 5, 39 + 3, 45 + 7), so wird durch die **Analyse von Fehlerklassen** das Aufdecken von Fehlermustern ermöglicht. Voraussetzung hierfür ist, dass das Kind die individuelle fehlerhafte Lösungsstrategie konsequent angewendet hat.

Schriftlich festgehaltene Nebenrechnungen können bei der Fehleranalyse sehr hilfreich sein, da hier deutlich wird, welche Lösungsschritte gelungen sind und an welchen Stellen des Lösungsprozesses Fehler gemacht wurden.
Ähnlich wie bei der Analyse von Fehlerklassen handelt es sich bei der **Analyse von diagnostischen Aufgabensätzen** um strukturgleiche Aufgaben mit relativ gleicher Schwierigkeit. Diagnostische Aufgabensätze sind durch eine Steigerung der Anforderungen und Schwierigkeiten gekennzeichnet. Oft reichen wenige, gute Aufgaben zu einem Inhaltsbereich aus, um das Leistungspotenzial des Kindes zu diesem Bereich abzuschätzen.
Z.B. beim Inhaltsbereich „Rund um die 10" kann man zunächst einen Aufgabensatz wie 10 + 4, 10 + 6, 10 + 9, danach einen Aufgabensatz wie 10 – 3, 10 – 6, 10 – 7, dann einen Aufgabensatz wie 10 + ? = 13, 10 + ? = 18, 10 + ? = 16 und anschließend einen Aufgabensatz wie 10 – ? = 7, 10 – ? = 4, 10 – ? = 2 analysieren. Der Schwierigkeitsgrad der einzelnen Aufgabensätze erhöht sich.

Die Fehleranalyse bei schriftlich vorliegenden Aufgabenlösungen kann nur hypothetisch erfolgen, da es zu einem Fehlerbild sehr unterschiedliche Fehlertechniken geben kann und eine eindeutige Zuordnung nicht möglich ist. Auch bei der Analyse von Fehlerklassen oder diagnostischen Aufgabensätzen kann die Fehlerstrategie nur angenommen werden.

Um Einsicht in das Denken des Kindes zu erlangen und das Vorgehen des Kindes zu verstehen, ist es notwendig, in einem Einzelgespräch mit dem Kind über den Lösungsprozess zu sprechen.
Entweder bittet man das Kind, bei der Bearbeitung einer Aufgabe „**laut zu denken**" oder nach dem Bearbeitungsprozess in einem **diagnostischen Gespräch** das Vorgehen zu beschreiben.
Viele Kinder sind es nicht gewöhnt, über ihre Lösungsschritte während oder nach der Bearbeitung zu sprechen, sodass es ihnen schwerfällt, das gedankliche Vorgehen zu verbalisieren. Zudem ist bei manchen Kindern die Selbstbeobachtung über das eigene Denken noch nicht genügend entwickelt. Oder sie sind damit überfordert, beim Lösungsprozess der Aufgabe gleichzeitig zu sprechen oder sich im Nachhinein an die Lösungsschritte zu erinnern.
Hier ist es nötig, in einer angenehmen, entspannten Gesprächsatmosphäre die Kinder mit Geduld, eigener Zurückhaltung und geeigneten Impulsen zu unterstützen.

Nur durch das **Zusammenspiel der verschiedenen diagnostischen Verfahren** kann man dem authentischen Denken des Kindes möglichst genau „auf die Spur kommen". Förderung kann erst dann effektiv werden.

Erfahrungswerte:

Die Eingangsdiagnostik verläuft bei den rechenschwachen Kindern, die ich zu Hause im Einzelunterricht fördere, anders als in den schulischen Fördergruppen, an denen mindestens sechs Kinder teilnehmen.
Bei der **Diagnose des Lernstands des einzelnen Kindes** habe ich genügend Zeit und Ruhe, um mir ein erstes Bild zu machen.
Bei der ersten Sitzung lasse ich diese Kinder zentrale Additions- und Subtraktionsaufgaben aus den verschiedenen Zahlenräumen mit unterschiedlichen Schwierigkeitsgraden lösen und versuche, durch das Zusammenspiel verschiedener diagnostischer Verfahren (ab S. 10) dem Denken des Kindes „auf die Spur zu kommen". Hier greifen im Besonderen der Einsatz strukturgleicher Aufgaben, das „Laut-Denken-Lassen" und das diagnostische Gespräch.

Innerhalb von 10 bis 20 Minuten kann ich die zählenden Rechner erkennen und die Zählstrategie bei den verschiedenen Aufgabentypen feststellen und dokumentieren. Nach dieser kurzen Eingangsdiagnostik beginne ich mit dem ersten Förderschwerpunkt, meistens mit dem Förderschwerpunkt „Zahlvorstellung" (ab S. 28). Innerhalb des Förderschwerpunktes starte ich mit der Diagnose und finde die Stärken und den Anknüpfungspunkt für die Förderung heraus. Durch ein Wechselspiel von Diagnose und Förderung werden in den darauffolgenden Förderstunden die einzelnen Förderschwerpunkte durchgearbeitet, sodass das Förderkind die jeweiligen individuellen Förderziele erreicht.

Die Eingangsdiagnostik bei den Fördergruppen fokussiert sich auf Grund der Gruppengröße direkt auf die Förderschwerpunkte.
Auch hier starte ich meistens mit dem Förderschwerpunkt „Zahlvorstellung", da dieser grundlegend für alle weiteren Förderschwerpunkte ist. Innerhalb der einzelnen Förderschwerpunkte eruiere ich hauptsächlich mit Hilfe der Analyse diagnostischer Aufgabensätze (s. Arbeitsblätter), dem „Laut-Denken-Lassen" und dem diagnostischen Gespräch die Zone der aktuellen Leistung.

Es hat sich als günstig herausgestellt, den Kindern nicht die Aufgabensätze ihrer aktuellen Klassenstufe vorzulegen, sondern mit den Anforderungen ein bis zwei Schuljahre zurückzugehen.

Dieses Vorgehen hat den Vorteil, dass
- die Kinder die Aufgaben zunächst ohne Probleme bewältigen können und durch die Lernerfolge motiviert sind,
- die Kinder erleben, dass sie doch schon eine Menge können und so Zutrauen in ihre Leistungsmöglichkeiten erhalten,
- die Lehrperson relativ schnell einen Überblick über die Kompetenzen und Stärken des einzelnen Kindes erhält (Zone der aktuellen Leistung),
- der Anknüpfungspunkt für die gezielte Förderung gefunden wird, d.h. anknüpfend an die Stärken des Kindes stellt sich deutlich heraus, was das Kind als Nächstes lernen sollte (Zone der nächsten Entwicklung).

Prozessbezogene Diagnostik

Förderdiagnostik hat immer den Charakter des Vorläufigen, des Hypothetischen.

Auf der Basis der Lernstandsdiagnose wird eine Fördermaßnahme durchgeführt mit der Absicht, das geplante Förderziel zu erreichen. Während der Förderung müssen die Auswirkungen beobachtet und reflektiert werden, um die Fortführung, Veränderung oder völlige Neukonzipierung der Fördermaßnahme zu gewährleisten. Auch die Ergebnisse der Diagnose werden in Frage gestellt, da sich die aktuelle Zone der Leistung verändern kann. Manchmal spielt die Tagesverfassung des Kindes oder äußere Rahmenbedingungen eine Rolle, sodass an unterschiedlichen Tagen die Ergebnisse der Diagnose und auch der Erfolg der Fördermaßnahme variieren können. Die Beobachtungen und die daraus abgeleiteten Fördermaßnahmen müssen ständig überprüft werden.

Die Lehrkraft steht mit dem Förderkind in einem Prozess und muss ihre Entscheidungen immer wieder hinterfragen.

Hypothesen werden überprüft, relativiert, bestätigt oder erweitert. Wenn möglich, ist es sehr hilfreich, sich mit anderen Lehrkräften, die das Förderkind kennen, auszutauschen.

Während der Durchführung der Fördermaßnahmen wird beobachtet und reflektiert, welche Lernschritte das Förderkind macht, sodass während der Förderung gleichzeitig diagnostiziert wird.

Es findet ein ständiges Wechselspiel zwischen Diagnose und Förderung statt.

Pädagogische Beobachtung, Hypothesenbildung und pädagogische Förderung stehen in einem zirkulären Verhältnis zueinander:

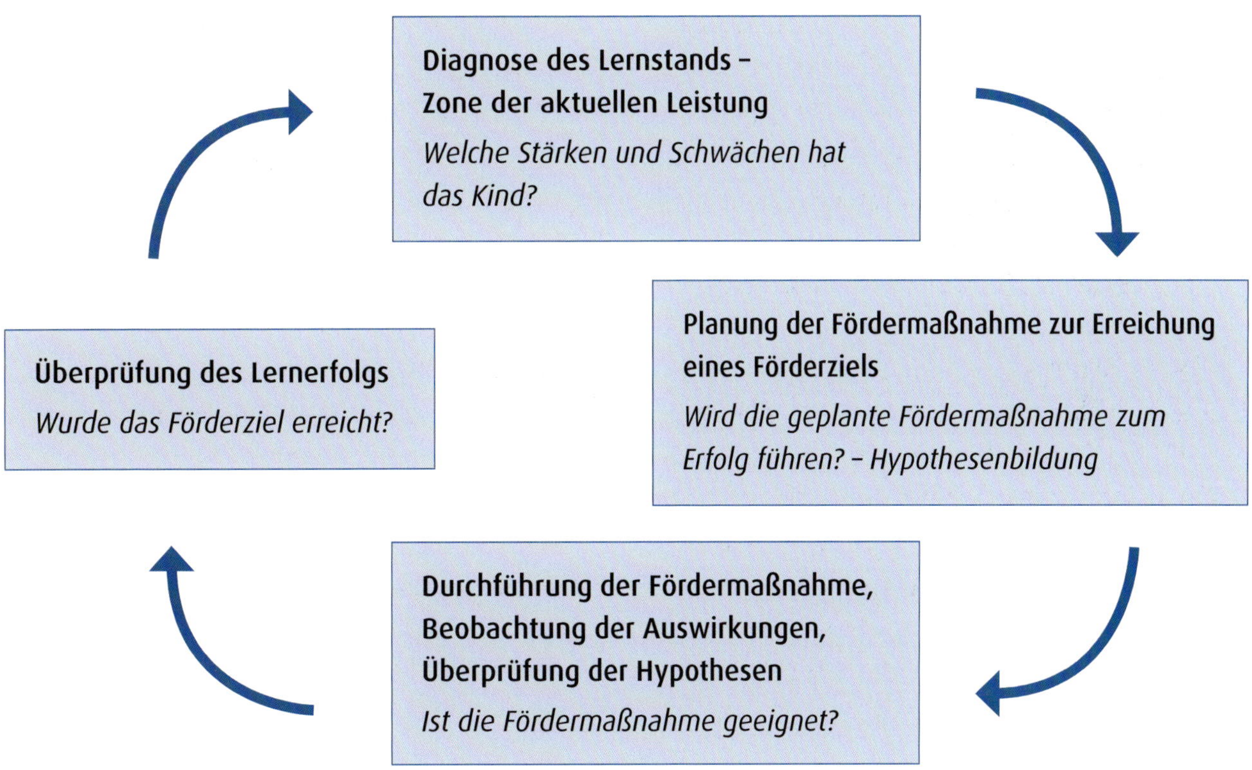

Die Förderdiagnostik kommt erst dann zum Abschluss, wenn besondere Maßnahmen nicht mehr erforderlich sind.

Leitsätze der Förderung

Anknüpfung an die Zone der aktuellen Leistung

Am Anfang jeder gezielten Förderung steht die Ermittlung des Leistungsstands des Kindes, d.h., die Zone der aktuellen Leistung wird ermittelt. Die Förderung soll hierbei an den Stärken des Kindes anknüpfen. (vgl. Schipper 2009, S. 342)

Da die Unterrichtsinhalte der Mathematik, bedingt durch die schrittweise Erweiterung des Zahlenraums, hierarchisch aufgebaut sind, ist es empfehlenswert, bei der Überprüfung der Kompetenzen der Förderkinder im Zahlenraum bis 10 anzufangen. In der Förderung zeigt sich oft, dass Unsicherheiten und Schwierigkeiten von Dritt- und Viertklässlern sogar schon bei dem Niveau von Aufgaben aus dem 1. Schuljahr auftreten.

Erfahrungswerte:
Da sich innerhalb der einzelnen Förderschwerpunkte der Schwierigkeitsgrad schrittweise erhöht, lassen sich durch den Einsatz der diagnostischen Aufgabensätze, bezogen auf den jeweiligen Förderschwerpunkt, schnell und sicher die Stärken des Kindes und der Anknüpfungspunkt für die zielgerichtete Förderung finden.

Betreten der Zone der nächsten Entwicklung

Sobald der Anknüpfungspunkt gefunden wurde (d.h., sobald innerhalb eines Inhaltsbereiches der Mathematik erste Unsicherheiten auftreten), wird dieser sich anschließende Problembereich, die Zone der nächsten Entwicklung, ins Auge gefasst. Hier beginnt die Planung und Durchführung einer Fördermaßnahme.

Erfahrungswerte:
Weil die Fördermaßnahme auf den Stärken des Kindes aufbaut, stellt die Zone der nächsten Entwicklung keine besonders große Hürde dar, sondern kann meistens mit Leichtigkeit in Angriff genommen werden.

Die Auswahl einer individuellen Übung

Entsprechend der Diagnose des Lernstands wird eine Übung zum grundlegenden Verständnis oder eine Übung zur Automatisierung ausgewählt. Wird bei der Diagnose festgestellt, dass das Förderkind Probleme bezüglich des grundlegenden Verständnisses eines Begriffs oder einer Operation zeigt, so wird zunächst durch die Fördermaßnahme das Verständnis hergestellt. Erst anschließend finden automatisierende Übungen statt.

Ein Beispiel:
Bei Felix (S. 10) handelt es sich bei der Vertiefung und Festigung der Zerlegungen der 7, 8, 9 und 10 um eine Übung zur Automatisierung, da er die Zerlegungen an sich grundlegend verstanden hat.

Erfahrungswerte:
Die Auswahl der Übung innerhalb eines Förderschwerpunktes hängt vom individuellen Leistungsstand des Kindes ab. Es lässt sich bei der Arbeit mit dem Förderkind sehr schnell herausfinden, ob das Verständnis bezüglich eines Inhaltsbereichs fehlt oder ob die Verständnisgrundlage vorhanden ist und die Aufgaben nur noch nicht automatisiert sind. Oftmals kennen die Kinder schon eine Reihe von Aufgaben auswendig, sodass diese nur noch gesichert und durch die restlichen Aufgaben ergänzt werden müssen.

Sinnvoller Einsatz eines strukturierten Arbeitsmittels

Der Schlüssel zum Verständnis mathematischer Inhalte liegt nach Bruner bei der Art der Repräsentation. Die drei Repräsentationsmodi „enaktiv" (motorische Bewegungen und Handlungen), „ikonisch" (bildhaft) und „symbolisch" (Zeichen und Sprache) sollen dabei zur wechselseitigen Stützung eingesetzt werden (Prinzip der Interaktion der Darstellungsformen).

Durch die Bearbeitung mathematischer Inhalte mit Hilfe der drei Repräsentationsmodi werden die Kinder beim Aufbau tragfähiger Vorstellungsbilder arithmetischer Begriffe und Operationen unterstützt.
Ziel hierbei ist das Schaffen einer Grundlage zum denkenden Rechnen, sodass die Vorstellungsbilder vor dem inneren Auge ohne konkret vorliegendes Material vorhanden sind.
(vgl. Bürkner/Grunst 1999, Material 3.5.5.a)

Sobald die Zone der nächsten Entwicklung durch die unterschiedlichen diagnostischen Verfahren festgestellt wird und sich ein Problembereich bei dem Förderkind herauskristallisiert hat, wird bei der Fördermaßnahme auf ein geeignetes, strukturiertes Arbeitsmittel zurückgegriffen.

Voraussetzung für den sinnvollen Einsatz eines Arbeitsmittels ist natürlich das Erkennen und Verstehen seiner Struktur. Aus diesem Grund ist ein Vertrautwerden mit dem Arbeitsmittel durch gezielte Übungen unerlässlich.
Für rechenschwache Kinder ist eine wohlüberlegte, sinnvolle Auswahl, aber auch eine Beschränkung der Arbeitsmittel nötig.
Jedes Arbeitsmittel stellt zusätzlich einen Lernstoff dar und bringt spezifische Schwierigkeiten mit sich.

Für den Aufbau von tragfähigen Vorstellungsbildern ist es notwendig, dass die Kinder Handlungen an geeignetem Material aktiv durchführen. Aus den konkreten Handlungen entwickeln sich als „verinnerlichte Handlungen" Vorstellungsbilder arithmetischer Begriffe, Beziehungen und Operationen.
(vgl. Schipper 2009, S. 111, 357, 361; Bürkner/Grunst 1999, S. 59/60)

Nach Piaget und Aebli sind Vorstellungen und Vorstellungsbilder das wichtigste Bindeglied zwischen den konkreten Handlungserfahrungen und der Verinnerlichung von Begriffen, Beziehungen und Operationen.

Erfahrungswerte:
Bei der Arbeit mit den rechenschwachen Kindern kommt dem Einsatz eines strukturierten Arbeitsmittels besondere Bedeutung zu. Immer wieder lässt sich beobachten, wie diese Kinder mit Hilfe des Umgangs mit dem Arbeitsmittel tragfähige Vorstellungsbilder der Begriffe, Beziehungen und Operationen aufbauen.

Behutsame Ablösung vom konkreten Material

Kinder mit Lernschwierigkeiten im Mathematikunterricht haben durchweg große Probleme, sich vom konkreten Material zu lösen und die Handlung stellvertretend in der Vorstellung durchzuführen.
(vgl. Bürkner/Grunst 1999, S. 60–62 und Material 3.5.5a–e; Lorenz/Radatz 1993, S. 169–175; Lorenz/Schipper 2007, S. 44–68)

Sie müssen behutsam beim Verinnerlichungsprozess von der Handlung mit konkretem Material zur vorgestellten Operation angeleitet werden:

Bei der materialgebundenen Stufe werden alle Handlungsschritte mit konkretem Material ausgeführt. Wichtig hierbei ist der Einsatz der Sprache: Das Kind soll die Handlungsschritte während der Ausführung sprachlich beschreiben.

Bei den verkürzten Handlungen werden nach und nach immer mehr Handlungsschritte mit konkretem Material weggelassen und stellvertretend in der Vorstellung durchgeführt. Sowohl die Handlungsschritte mit Material als auch die Schritte, die in der Vorstellung ausgeführt werden, sollen hierbei beschrieben werden.
Die Handlungsschritte mit Material werden so weit gekürzt, dass zuletzt alle Handlungen in der Vorstellung ausgeführt und begleitend beschrieben werden. Das Arbeitsmittel darf hierbei noch angeschaut und berührt werden.

Das Kind erreicht die Stufe der geistigen Handlung, wenn es alle Handlungsschritte am vorgestellten Arbeitsmittel ausführen und beschreiben kann. Das Arbeitsmittel steht bei dieser Stufe nicht mehr zur Verfügung.

Bei Unsicherheiten darf das Kind selbstverständlich jederzeit auf das Arbeitsmittel zurückgreifen und Handlungen konkret mit Material ausführen.

Der Ablösungsprozess vom Arbeitsmittel kann durch verdeckte Handlungen unterstützt werden. Hierbei wird das Arbeitsmittel mit einem Tuch verdeckt, oder die Augen des Kindes werden verbunden. Das Kind ertastet das Arbeitsmittel und führt die Handlungsschritte „blind" aus. Hierbei ist wiederum wichtig, dass die Schritte beschrieben werden.

Auch das Aufmalen der Handlungsschritte fördert den Aufbau eines Vorstellungsbilds der Handlungsabläufe.

Erfahrungswerte:
Der Prozess der behutsamen Ablösung vom konkreten Material ist mir bis jetzt bei jedem Kind, sogar bei lernbehinderten Kindern, gelungen. Das Ausführen aller Handlungsschritte mit Hilfe des Materials auf der materialgebundenen Stufe bewältigen die Kinder mit Leichtigkeit, sobald die Struktur des Materials bekannt ist. Aber auch der Verinnerlichungsprozess von der Handlung mit konkretem Material zur vorgestellten Operation gelingt. Hier benötigen die Kinder allerdings unterschiedlich viel Zeit für das Erreichen der Stufe der geistigen Handlung. Diese Zeit sollte den Kindern auf jeden Fall gegeben werden.

Gezieltes Automatisieren der Grundaufgaben

Zählendes Rechnen führt nicht zur Automatisierung von Grundaufgaben, da es nur isolierte Einzelfakten liefert, welche nicht in Beziehung zu anderen Einzelfakten gesetzt werden und so nicht im Gedächtnis verankert werden.
(vgl. Bürkner/Grunst 1999, S. 63; Ganser 2004, S. 163–180; Lorenz/Radatz 1993, S. 180)

Da Strategien zur Vernetzung der Einzelfakten fehlen, fällt es zählenden Rechnern schwer, die Zahlensätze des Einspluseins zu automatisieren und die Umkehrungen sicher abzuleiten (vgl. Kompetenzerwartungen am Ende der Schuleingangsphase, Lehrplan Mathematik 2008, S. 62). Das begrenzte Repertoire an auswendig gewussten Aufgaben führt dazu, dass die Kinder gezwungen sind, sich weiterhin die Aufgaben zählend zu errechnen, sodass ein Teufelskreis in Gang gesetzt wird.
Die Kinder müssen durch strukturierte Übungen beim Automatisieren der Grundaufgaben unterstützt werden. Das Abrufen von Fakten aus dem Gedächtnis gelingt umso besser, wenn die Aufgaben im bereits vorhandenen Wissen verankert werden und die Einzelfakten in Beziehung gesetzt werden. Die Kinder müssen angeleitet werden,

Strukturen zu erkennen und diese zu nutzen, da die Strukturen das Einprägen und Automatisieren erleichtern.
Die auswendig gewussten Grundaufgaben benötigt das Kind zum Ableiten und zum Aufbau eines numerischen Netzwerks, in dem die Einzelfakten zueinander in Beziehung gesetzt sind.
Das Repertoire auswendig gewusster Zahlensätze vergrößert sich, da neues Faktenwissen durch das Ableiten von bekannten Fakten erworben wird. Beim Ableiten wird das Vorwissen genutzt und dadurch verstärkt.

Erfahrungswerte:

Bei allen rechenschwachen Kindern, die durch zählendes Rechnen zum Ergebnis kommen, lässt sich feststellen, dass nur wenige Aufgaben im Zahlenraum bis 20 automatisiert sind. Oft ist die Verständnisgrundlage bezogen auf die verschiedenen Inhaltsbereiche vorhanden bzw. kann schnell erarbeitet werden, aber das Repertoire an auswendig gewussten Basisfakten weist enorme Lücken auf. Durch strukturierte Übungen, die regelmäßig wiederholt werden sollten, lassen sich diese Lücken relativ schnell schließen.

Bewusstes Erarbeiten von Ableitungstechniken

Zählendes Rechnen verhindert das Knüpfen numerischer Netzwerke, d.h., die Beziehungen zwischen Zahlen und Rechenaufgaben werden nicht erkannt und können somit auch nicht genutzt werden.

(vgl. Bürkner/Grunst 1999, S. 62/63 und Material 3.6.6c; Scherer 1999, S. 13; Schipper 2009, S. 356/357)

Die Ableitungsverfahren (z.B. Tauschaufgaben, Umkehraufgaben, dekadische Analogieaufgaben, Nachbaraufgaben) machen die Beziehungen innerhalb des Netzwerks bewusst und ermöglichen insbesondere rechenschwachen Kindern das Lernen in Zusammenhängen. Durch das bewusste Erarbeiten von Ableitungsstrategien wird das Knüpfen eines Netzes von Zahlen und Beziehungen unterstützt und für den Aufbau des Repertoires auswendig gewusster Basisfakten gewinnbringend genutzt.

„Gerade für Kinder, die Schwierigkeiten beim Rechnen haben, stellt das Lernen in Zusammenhängen eine wichtige Hilfe dar. Daher sollte ihnen diese Art des Lernens von Anfang an ermöglicht werden, um tragfähige Grundlagen für weitere Lernprozesse zu schaffen." *(Scherer 1999, S. 194)*

Erfahrungswerte:

Zählende Rechner nutzen überwiegend keine Ableitungsstrategien. Sie erkennen kaum Strukturen innerhalb der Zahlenräume und können diese somit auch nicht für geschicktes Rechnen nutzen. Die Zahlenräume wirken auf sie wie ein wildes Durcheinander von Zahlen ohne Struktur und Ordnung.
Durch das bewusste Erarbeiten von Ableitungsstrategien erkennen diese Kinder nach und nach die Regelmäßigkeiten und Strukturen innerhalb der Zahlenräume und können die Beziehungen innerhalb des numerischen Netzwerks für das Errechnen von Aufgaben nutzen. Das zählende Rechnen wird durch geschickte Rechenstrategien abgelöst.

Konzentration auf ausgewählte Förderschwerpunkte

Das vorliegende Förderkonzept konzentriert sich auf ausgewählte Förderschwerpunkte, die beim erfolgreichen Durchlaufen dazu dienen sollen, dass sich zählende Rechner von uneffektiven Zählstrategien lösen und diese durch geschickte Rechenwege ersetzen. Die Übungen innerhalb der Förderbereiche dienen sowohl der Diagnose als auch der Förderung. Zudem können sie sowohl als **Interventions- als auch als Präventionsmaßnahmen** eingesetzt werden.

A: Förderschwerpunkte im Zahlenraum bis 20 (ab S. 25)

1. Zahlvorstellung
2. Simultanauffassung
3. Zerlegungen im Zahlenraum bis 10
4. Verdopplungsaufgaben
5. Halbierungsaufgaben
6. Aufgabenfamilien
7. Analogieaufgaben
8. Zehnerüberschreitung

B: Förderschwerpunkte im Zahlenraum bis 100 (ab S. 81)

1. Zahlvorstellung
2. Simultanauffassung
3. Analogieaufgaben
4. Zehnerüberschreitung
5. Addition und Subtraktion

Ohne Weiteres könnte man die Förderschwerpunkte durch sinnvolle Inhalte erweitern, aber da die Lernzeit knapp bemessen ist, habe ich grundlegende Schwerpunkte ausgewählt, auf die man nicht verzichten sollte. Die Förderschwerpunkte bauen aufeinander auf und sind miteinander vernetzt. So sollten z.B. Zerlegungsaufgaben bis 10 unbedingt vor der Zehnerüberschreitung durchgeführt werden, da diese grundlegend für den schrittweisen Zehnerübergang sind.

Erfahrungswerte:

Für fast alle Kinder ist es sinnvoll, die Förderschwerpunkte der Reihe nach zu durchlaufen, da diese aufeinander aufbauen. Unabhängig davon, ob die Kinder im 2., 3. oder 4. Schuljahr sind, wird zunächst der Zahlenraum bis 10, dann bis 20 und darauf aufbauend bis 100 gefestigt.
Je nach Leistungsstand des Kindes kann man bei Dritt- und Viertklässlern bei den Übungen zur „Zahlvorstellung", zu den „Analogieaufgaben" und zur „Zehnerüberschreitung" direkt mit dem Hunderterraum einsteigen.

Unverzichtbar innerhalb der Förderschwerpunkte im Zahlenraum bis 20 ist jedoch auch bei Dritt- und Viertklässlern das Durchlaufen der Förderschwerpunkte „Simultanauffassung", „Zerlegungen im Zahlenraum bis 10", „Verdopplungsaufgaben", „Halbierungsaufgaben" und „Aufgabenfamilien im Zahlenraum bis 10", da in diesen Bereichen erfahrungsgemäß auch bei Dritt- und Viertklässlern die Unsicherheiten beginnen.

Die Zeit, die die Kinder für das Durcharbeiten der einzelnen Förderbereiche benötigen, gestaltet sich sehr unterschiedlich und ist abhängig vom individuellen Lern- und Leistungsstand.
Zur Festigung der Zielsetzungen der einzelnen Förderschwerpunkte sind ggf. Rückgriffe auf vorherige Inhalte nötig und erwünscht. Sobald Unsicherheiten innerhalb eines Förderschwerpunktes auftreten, ist es sehr wichtig, entsprechende Übungen, die bereits gesichert waren, zu wiederholen und die Inhalte zu festigen.

Nachhaltiges Erzielen von Lernerfolgen

Da in dem vorliegenden Förderkonzept an den Stärken des Förderkindes angeknüpft wird, schreiten die Kinder während der Förderung von einem Lernerfolg zum nächsten. Sie erfahren, dass sie etwas können, und entwickeln in zunehmendem Maße Selbstvertrauen in die eigenen mathematischen Kompetenzen sowie Motivation im Prozess des mathematischen Arbeitens.
(vgl. Lehrplan Mathematik 2008, S. 55)

Festgestellte Unsicherheiten werden durch individuelle Erklärungen und Übungen in Sicherheiten verwandelt.
Ein neuer Förderbereich wird erst betreten, wenn die dafür nötigen Voraussetzungen vorhanden sind. So wird z.B. zuerst der Förderschwerpunkt „Zerlegungen im Zahlenraum bis 10" durchlaufen, bevor der Förderbereich „Aufgabenfamilien im Zahlenraum bis 10" betreten wird, da diese Förderschwerpunkte aufeinander aufbauen. Während der Förderung werden somit die Grundlagen für die nächste Stufe erarbeitet, sodass Lernerfolge gesichert werden.

Erfahrungswerte:

Obwohl sich die Förderung zunächst nicht auf den aktuellen Lernstoff des Klassenunterrichts bezieht, bekomme ich häufig die Rückmeldung, dass das Kind plötzlich Fortschritte gemacht hat und besser im regulären Unterricht und mit den Hausaufgaben klarkommt, und dies manchmal schon nach wenigen Förderstunden.

Ich kann mir dieses Phänomen nur dadurch erklären, dass diese Kinder deutlich an Selbstvertrauen gewonnen haben, da sie nun wissen, dass ihnen geholfen wird. Dieses veränderte Selbstkonzept wirkt sich positiv auf die Leistungen aus.

Ansonsten kann das Schließen der Lücken bis zum Erreichen des aktuellen Stoffes je nach Leistungsstand länger als ein Jahr dauern. Ich habe allerdings auch erlebt, dass die Förderung nach drei bis sechs Monaten abgeschlossen ist, da nur einige grundlegende Inhalte aufgearbeitet werden mussten oder die Förderschwerpunkte in einem enorm schnellen Tempo durchlaufen wurden.

Im Durchschnitt kann man allerdings davon ausgehen, dass die Förderung mit wöchentlich einer Schulstunde ca. ein Jahr dauert. Hinzu kommt, dass die Förderung manchmal durch den Ausfall von Förderstunden oder durch die Ferien nicht durchgehend kontinuierlich erfolgt.

Das Erzielen von Lernerfolgen gelingt mit Hilfe des beschriebenen Konzeptes immer. Sogar lernbehinderte Kinder konnte ich erfolgreich fördern. Bis jetzt konnte ich den Kindern, Eltern, Lehrern und mir selber Mut machen, da jedes Kind die gesetzten Ziele erreicht hat – vorausgesetzt, dass die Förderung zu Ende geführt wird.

Jedes Kind erzielte durch die Förderung seine individuellen Lernerfolge und wurde für weitere Herausforderungen motiviert. Die Weisheit „Nichts ist erfolgreicher als der Erfolg!" trifft bei diesem Förderkonzept in vollem Maße zu.

Organisationsformen der Förderung

Immer wieder kommen bei Lehrerfortbildungen, die ich zum Inhalt „Förderdiagnostik im Fach Mathematik“ moderiere, die Fragen auf:

- Woher sollen wir die Zeit nehmen, die für die Diagnose und die Förderung rechenschwacher Kinder nötig ist?
- Wie sollen wir die Förderung rechenschwacher Kinder in unserer Schule organisieren, da uns ja kaum Förderstunden zur Verfügung stehen?
- Ist die Förderung rechenschwacher Kinder bei den gegebenen Rahmenbedingungen überhaupt möglich?

Die Fragen drücken eine berechtigte Hilflosigkeit und zudem Resignation aus, da uns die Rahmenbedingungen in den Schulen nicht gerade Mut machen, eine kompetente Förderung rechenschwacher Kinder durchzuführen.
Laut Schipper werden ca. 4–6 % der Grundschulkinder als schwerwiegend und dauerhaft rechenschwach klassifiziert, 15–20 % haben eine mindestens förderungsbedürftige Rechenstörung.
(vgl. Schipper 2009, S. 332)

Bei einer Klassengröße von 25 Kindern kann man davon ausgehen, dass ca. ein bis zwei Kinder extrem rechenschwach sind. Diese Kinder benötigen eine gezielte Förderung, um sie aus dem so genannten „Teufelskreis der Rechenschwäche“ herauszureißen, sodass sie wieder mit Erfolg den aktuellen Unterrichtsstoff bewältigen können.
Viele Kollegen würden gerne diesen Kindern kompetent helfen, zumal sie beobachten können, wie sich durch die ständigen Misserfolge bei den Kindern ein negatives Selbstkonzept einstellt, das sich oft auf andere Fächer überträgt, in denen sie vorher tragfähige Leistungen zeigten. Oft sind den Kollegen die Hände gebunden, da sie auf Grund der Rahmenbedingungen kaum Zeit finden, sich mit den einzelnen Kindern zu beschäftigen.
Oder ihnen fehlt das nötige „Handwerkszeug“, um diese Kinder kompetent zu begleiten.

Das förderdiagnostische Vorgehen kann nicht auf die Schnelle abgehandelt werden, sondern benötigt Zeit und Muße, um mit den Kindern individuell arbeiten zu können. Die Zeit für das einzelne Kind muss organisiert werden. Hier helfen Maßnahmen der äußeren oder der inneren Differenzierung.

Maßnahmen der äußeren Differenzierung

Externe Fördergruppen außerhalb des Klassenunterrichts

- Förderunterricht mit kleinen Gruppen (klassenintern, klassenübergreifend, jahrgangsübergreifend), der überwiegend in Randstunden stattfindet
- Förderband (klassenübergreifend, jahrgangsübergreifend), das während der normalen Stundentafel stattfindet
- Einsatz von „Rechenmüttern“ oder „Rechenvätern“
- Förderunterricht, der parallel zum Klassenunterricht stattfindet und bei dem einzelne Kinder aus dem Klassenverband herausgeholt werden
- Offener Anfang vor Unterrichtsbeginn
- ...

Die Maßnahmen der äußeren Differenzierung sind sowohl abhängig vom Konzept als auch vom Lehrerstundenetat der jeweiligen Schule. Sie werden mit der Schulleitung und dem Lehrerkollegium abgesprochen.

Maßnahmen der inneren Differenzierung

Interne Förderung während des Klassenunterrichts:

- Offene Unterrichtsformen (Wochenplan, Freiarbeit, Arbeit an Stationen, Werkstattarbeit, Projektarbeit ...): Die Kinder bearbeiten selbstständig vorgegebene oder selbst ausgewählte Aufgaben, sodass der Lehrer die Möglichkeit hat, sich mit einzelnen Kindern zu beschäftigen.
- „Fördertisch“: Während einer Arbeitsphase sammeln sich Kinder, die Probleme haben, an einem „Fördertisch“.
- „Förder-Kleingruppe“: Nach einer Einführung erhalten Kinder, die noch nicht alles verstanden haben, in einer Kleingruppe weitere Erklärungen.
- „Experten“: Leistungsstarke Kinder helfen Kindern, indem sie ihr Expertenwissen weitergeben. Der Lehrer kann sich in dieser Zeit mit einzelnen Kindern beschäftigen.
- Einsatz von „Rechenmüttern“ oder „Rechenvätern“
- ...

Es sind nur solche Maßnahmen der inneren Differenzierung aufgeführt, die es dem Lehrer ermöglichen, sich aus dem Unterrichtsgeschehen herauszuziehen und sich für längere Zeit mit einzelnen Kindern zu beschäftigen. Da bei den Maßnahmen der inneren Differenzierung die gesamte Klasse anwesend ist und im Blick behalten werden muss, ist es oft schwierig, die Muße für einzelne Kinder zu finden. Zudem differieren die Lerngruppen bezüglich ihrer Größe und ihres Sozial-, Arbeits- und Lernverhaltens und benötigen dementsprechend unterschiedlich intensive Begleitung durch die Lehrperson.

Fördergruppen im schulischen Bereich

Nach meinen Erfahrungen sind die aufgezählten Maßnahmen der äußeren Differenzierung für die gezielte Förderung rechenschwacher Kinder geeigneter als die Maßnahmen der inneren Differenzierung. Eine festgelegte, kleine Gruppe trifft sich in äußeren Differenzierungsformen kontinuierlich. Die Lehrperson kann sich intensiv auf die Förderkinder konzentrieren und einstellen. Die Gruppenstärke der Fördergruppen sollte nicht mehr als sechs Kinder umfassen. Je kleiner die Gruppe, desto intensiver gestaltet sich die Förderung. Die Fördergruppe kann klassen- und jahrgangsübergreifend zusammengesetzt sein. Die Förderstunde sollte regelmäßig stattfinden. Eine Schulstunde pro Woche reicht aus, um Rückstände gezielt aufzuarbeiten. Findet die Fördermaßnahme ein halbes bis ein Schuljahr lang statt, kann man die erwünschten Förderziele erreichen und viele Lücken schließen.

In meiner Fördergruppe erhält jedes Kind einen eigenen Hefter, in dem die bearbeiteten Blätter abgeheftet werden und der in der Schule verbleibt. Für jedes Kind lege ich eine Karteikarte an, auf der ich mir während oder nach der Förderstunde Notizen mache über die durchgeführte Fördermaßnahme, über diagnostische Erkenntnisse (Stärken und Schwächen) und weitere Bemerkungen. Sowohl die bearbeiteten, abgehefteten Arbeitsblätter als auch die Notizen auf der Karteikarte dienen mir und anderen Kollegen als Dokumentation des Lernwegs des Kindes. Sie geben Auskunft über die Lernerfolge und die Lernprobleme.

Während der Förderstunde arbeitet jedes Kind individuell an seinen Aufgaben. Sobald das Kind die vorgegebenen Aufgaben erledigt hat, kommt es mit dem Förderhefter zu mir, sodass ich direkt überprüfen kann, ob das Kind den Lernschritt bewältigt hat. Hatte das Kind keine Probleme, so erhält es von mir die Aufgaben mit etwas höheren Anforderungen. Hatte das Kind Schwierigkeiten beim Lösen der Aufgaben, so versuche ich, genauer hinzusehen, indem ich verschiedene Methoden der Fehleranalyse anwende (siehe „Diagnose des Lernstands“, S. 10).

Nach der Diagnose der Probleme setze ich gezielt eine Fördermaßnahme ein, sodass das Kind befähigt wird, die Anforderungen des Lernschrittes zu bewältigen. Diese Fördermaßnahme wird erst abgeschlossen, wenn das Kind das konkrete Förderziel erreicht hat. Oftmals überprüfe ich den Lernzuwachs in der nächsten Förderstunde erneut und gebe dem Kind vertiefende Übungen. Erst wenn der Lernerfolg gesichert ist, bekommt das Kind von mir die Aufgaben mit den höheren Anforderungen.

Am Ende der durchgeführten Förderstunde geben die Kinder ihren Förderhefter ab, sodass ich die Möglichkeit habe, Aufgaben, die ich noch nicht kontrolliert habe, zu überprüfen und ggf. eine Fehleranalyse bei schriftlich vorliegenden Aufgabenlösungen durchzuführen. Da die Fehleranalyse oftmals nicht eindeutig die Denkweise des Kindes wiedergibt und eher spekulativ erfolgt, führe ich am Anfang der nächsten Förderstunde ein kurzes diagnostisches Gespräch mit dem Kind, um die Fehlstrategien des Kindes herauszufinden. Oftmals setze ich hierzu Aufgaben ein, die die gleiche Struktur aufweisen wie das Fehlerbeispiel. So hat das Kind die Möglichkeit, während des Lösungsprozesses sein gedankliches Vorgehen zu verbalisieren oder im Anschluss der Aufgabenlösung durch Nachfragen meinerseits seine Denkschritte zu nennen. Arbeitet das Kind bei der Lösung mit Material, so kann ich durch gezieltes Beobachten herausfinden, an welcher Stelle des Lösungsprozesses Probleme auftreten.

Bei der Durchsicht der Hefter nach der Förderstunde bereite ich somit den Anfang der nächsten Förderstunde vor. Ich notiere mir, mit welchen Kindern ich noch sprechen möchte. Ich lege den Kindern, die die Aufgaben richtig gelöst haben, Aufgaben mit höheren Anforderungen in ihren Hefter, sodass ein reibungsloser Anfang der nächsten Förderstunde gewährleistet ist und unnötige Wartezeiten vermieden werden.

Förderkinder im privaten Bereich

Seit einigen Jahren begleite ich auch privat rechenschwache Kinder, die mir u.a. der psychologische Dienst verschiedener Städte schickt. Hier kann ich sehr gründlich die Stärken und Schwächen des Kindes diagnostizieren und aufbauend auf der Diagnose gezielt Fördermaßnahmen durchführen. Das jeweilige Förderkind kommt möglichst kontinuierlich einmal pro Woche und erhält eine Einzelförderung von 45 Minuten. Die Eltern, die ihr Kind zu mir nach Hause bringen und nach 45 Minuten wieder abholen, erhalten direkt im Anschluss an die Förderung Informationen über ihr Kind. Sie werden über den aktuellen Lernerfolg informiert und über die Förderbereiche aufgeklärt, die in der nächsten Stunde geplant sind. Mir ist es wichtig, sowohl den Förderkindern als auch den Eltern die Förderziele transparent zu machen.

Die Fördermaßnahme ist abgeschlossen, wenn die Lücken geschlossen sind und das Kind am aktuellen Stoff der Klasse erfolgreich mitarbeiten kann. Diese Maßnahme dauert je nach vorgegebenen Bedingungen unterschiedlich lange. Sie kann nach drei Monaten beendet sein, sie kann aber auch länger als ein Jahr dauern.

Teil 2

Ausgewählte Förderschwerpunkte – ein systematisches Programm

Materialliste*

- Muggelsteine in zwei verschiedenen Farben und Größen
- Zahlenband bis 20 (→ „Zahlvorstellung im ZR bis 20")
- Zahlenband bis 100 (→ „Zahlvorstellung im ZR bis 100")
- Kärtchen mit unterschiedlichen Darstellungsformen verschiedener Zahlen im ZR bis 20 (→ „Zahlvorstellung im ZR bis 20")
- Kärtchen mit unterschiedlichen Darstellungsformen verschiedener Zahlen im ZR bis 100 (→ „Zahlvorstellung im ZR bis 100")
- Zahlenkärtchen 0 bis 9 und ganze Zehner 10 bis 90 (→ „Zahlvorstellung im ZR bis 100")
- Mengenkarten mit einer strukturierten Anordnung von Punkten im ZR bis 20 (→ „Simultanauffassung im ZR bis 20")
- Mengenkarten mit einer strukturierten Anordnung von Punkten im ZR bis 100 (→ „Simultanauffassung im ZR bis 100")
- Rechentunnel zu den Zerlegungszahlen 3 bis 10 (→ „Zerlegungen im ZR bis 10")
- Schüttelkästen zu den Zerlegungszahlen 3 bis 10
- Spiegel ohne Rand (ca. 15 cm x 15 cm)
- Karten zu den Verdopplungsaufgaben im ZR bis 20 (→ „Verdopplungsaufgaben im ZR bis 20")
- Karten zu den Halbierungsaufgaben im ZR bis 20 (→ „Halbierungsaufgaben im ZR bis 20")
- Fingerdarstellungen im ZR bis 10 (→ „Aufgabenfamilien")
- Zehnerstangen und Einerwürfel in jeweils zwei gleichen Farben
- Rechenrahmen bis 20 mit Fünfer- und Zehnerstruktur
- Rechenrahmen bis 100 mit Fünfer- und Zehnerstruktur

---

* Die genaue Auflistung der Materialien pro Übung finden Sie bei den jeweiligen Übungen. Alle benötigten Kopiervorlagen (KVs) sind von 00–96 durchnummeriert. (Nicht alle KVs sind auch hier im Buch abgebildet.) Diese Nummerierung finden Sie sowohl in den Dateinamen auf der CD-ROM als auch in den Fußzeilen auf den abgebildeten KVs im Buch.

Eins-zu-Eins-Zuordnung

Was?

Bei der Eins-zu-Eins-Zuordnung, auch Stück-für-Stück-Zuordnung genannt, werden einer Reihe von Gegenständen gleich viele Dinge Stück für Stück zugeordnet. Es wird überprüft, ob das Kind einer vorgegebenen, linear angeordneten Menge jedem dieser Elemente ein anderes Element zuordnen kann. Die Größe der Menge kennt das Kind nicht und darf auch nicht zählend ermittelt werden!

Warum?

Die Eins-zu-Eins-Zuordnung ist für das Zahlenverständnis grundlegend. Sie ist eine wichtige pränumerische Fähigkeit, um die Beziehungen „gleich viele" bzw. „genauso viele" herzustellen. Mit ihr lässt sich, ohne zu zählen, feststellen, ob zwei Mengen die gleiche Anzahl von Elementen enthalten oder nicht.

Eins-zu-eins-Zuordnung – Übung

Material: Muggelsteine in verschiedenen Farben und Größen

Legen Sie eine Reihe von z.B. 10 großen Muggelsteinen auf den Tisch, und fordern Sie das Kind auf, gleich viele Muggelsteine dazuzulegen.

a) Die zuzuordnenden Elemente sind große Muggelsteine.

b) Die zuzuordnenden Elemente sind kleine Muggelsteine.

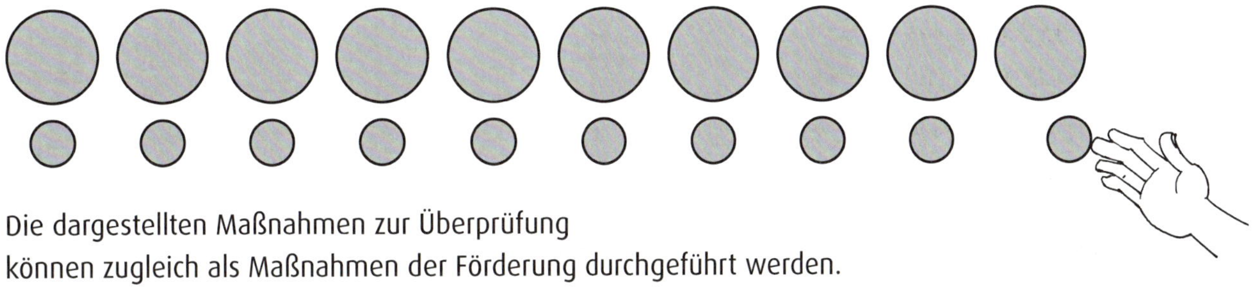

Die dargestellten Maßnahmen zur Überprüfung können zugleich als Maßnahmen der Förderung durchgeführt werden.

Erfahrungswerte:
Diese Übung wurde von fast allen Förderkindern problemlos bewältigt. Bei Schwierigkeiten stellte sich heraus, dass das jeweilige Förderkind die Aufgabenstellung nicht direkt verstanden hatte. Nach erneutem Erklären wurde die Aufgabe ohne weitere Schwierigkeiten gelöst.

Literaturhinweise:

- *Bürkner/Grunst 1999, Material 3.5.1c*
- *Milz 1997, S. 105*
- *Staatsinstitut für Schulpädagogik und Bildungsforschung München 1992, S. 35*

Mengeninvarianz

Was?

Durch eigene Handlungserfahrungen erkennt das Kind den Grundsatz der Mengenerhaltung (Invarianz). Es wird überprüft, ob das Kind bei Mengen die Begriffe „**gleich**“, „**weniger**“ und „**mehr**“ anwenden kann. Gleich große Mengen werden trotz unterschiedlicher räumlicher Anordnung der Elemente als gleich erkannt.

Warum?

Das Prinzip der Erhaltung quantitativer Größen (Mengeninvarianz) ist grundlegend für ein Verständnis für Operationen, die mit Zahlen als unabänderliche Größen ausgeführt werden. Die Einsicht in die Mengenerhaltung ist zudem Voraussetzung für das Entwickeln einer Vorstellung über die mit Zahlen verbundenen Quantitäten.

Mengeninvarianz – Übung 1

Material: Muggelsteine in verschiedenen Farben und Größen

Legen Sie z.B. 10 große Muggelsteine linear angeordnet auf den Tisch. Darunter legen Sie 10 kleine Muggelsteine – den großen Muggelsteinen zugeordnet. Fragen Sie das Kind, ob in jeder Reihe gleich viele Muggelsteine liegen.

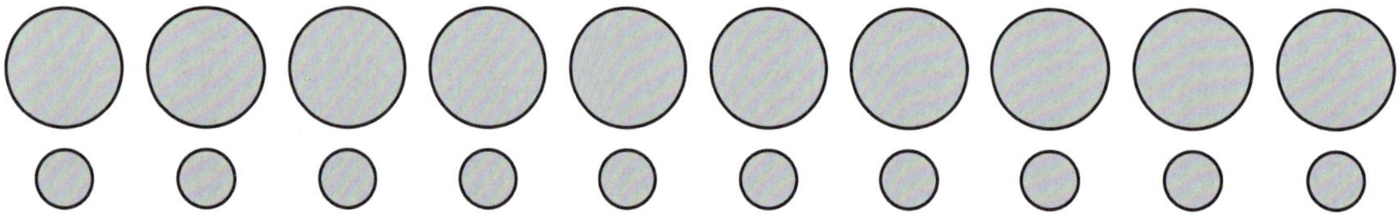

Mengeninvarianz – Übung 2

Material: Muggelsteine in verschiedenen Farben und Größen

Verteilen Sie nun die Elemente der Menge mit den großen Muggelsteinen über eine größere Fläche, bzw. schieben Sie die Elemente der Menge mit den kleinen Steinen zusammen.

*„Wo sind **mehr** Steine? Wo sind **weniger**? Oder sind es **gleich viele**?“*

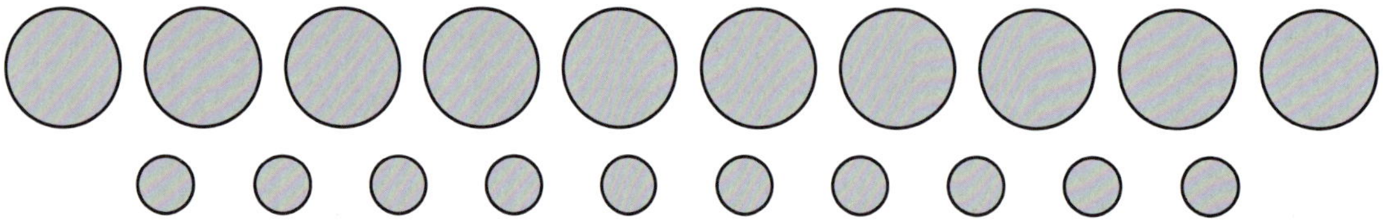

Mengeninvarianz – Übung 3

Material: Muggelsteine in verschiedenen Farben und Größen

Verändern Sie zum Schluss die Mengen (mehrmals) um ein oder zwei große oder kleine Muggelsteine. Testen Sie, ob das Kind bei mehreren Varianten die Mächtigkeit der Mengen richtig beurteilt, z.B. wenn die beiden Reihen zwar gleich lang sind, eine der Reihen aber mehr Elemente enthält.

*„Wo sind **mehr** Steine? Wo sind **weniger**? Oder sind es **gleich viele**?"*

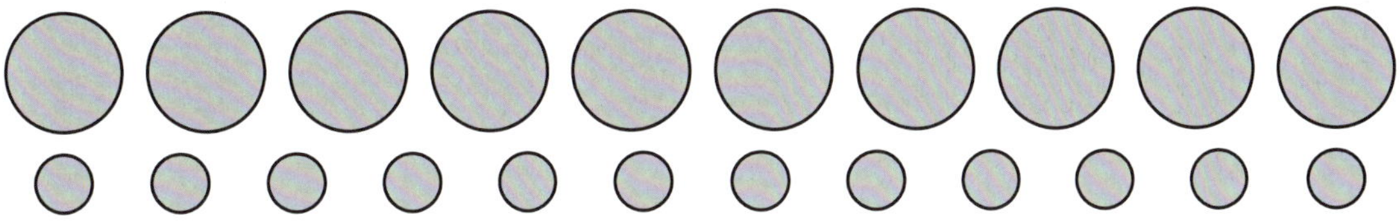

Anmerkung:

Stanislas Dehaene hinterfragt die Versuche zur Mengeninvarianz. Er spricht von „Piagetschen Irrtümern" in dem Sinne, dass die Kinder bei den Versuchen gar nicht in der Lage sind, zu zeigen, was sie können, da sie die Fragen, die ihnen gestellt werden, nicht wirklich verstehen, schon gar nicht in dem gleichen Sinn wie ein Erwachsener. Bei weiteren Experimenten ergab sich, dass die Kinder bei Piagets Versuchen zur Mengeninvarianz versagen, da sie die Absichten des Versuchsleiters missverstehen. Die Kinder geben die im Sinn der Mengeninvarianz richtige Antwort, wenn die Frage in einem sinnvollen Zusammenhang gestellt wird. Fazit ist für Dehaene, dass sich die Versuche zur Mengeninvarianz nach Piaget nicht eignen, um herauszufinden, wann ein Kind beginnt, den Zahlbegriff zu verstehen. (vgl. Dehaene 1999, S. 56–60)

Erfahrungswerte:

Es gibt immer wieder Kinder, die durch ihre Antworten auf die Fragen zur Mengeninvarianz (s.o.) signalisieren, dass sie den Grundsatz der Mengenerhaltung noch nicht verstanden haben. Oftmals handelt es sich hierbei allerdings nur um Verständnisprobleme der Begrifflichkeiten (s. Anmerkung oben). Durch mehrere Übungen, bei denen die Kinder immer wieder aufgefordert werden, zu überprüfen, ob es wirklich mehr, weniger oder gleich viele sind, ist die Einsicht in die Mengenerhaltung schnell erreicht, und anfängliche Verständnisprobleme sind aus dem Weg geräumt.

Literaturhinweise:
- *Barth 2003, S. 150–158*
- *Bürkner/Grunst 1999, Material 3.5.1c*
- *Dehaene 1999, S. 56–60*
- *Milz 1997, S. 105/106*
- *Staatsinstitut für Schulpädagogik und Bildungsforschung München 1992, S. 35/36*

Zahlvorstellung im Zahlenraum bis 20

Was?

Zahlen kann man über **Zahlwörter**, **Zahlzeichen** und **Mengen** (Repräsentanten) wahrnehmen. Diese erhalten erst dann einen Sinn, wenn mit ihnen Bedeutungsvorstellungen verknüpft sind. In Verbindung mit den Bedeutungsvorstellungen entwickelt sich der **Zahlbegriff** (vgl. Maier 1990, S. 7). Um eine fundierte Zahlvorstellung im Zahlenraum bis 20 zu erlangen, lernen die Kinder die Zahlen unter verschiedenen **Zahlaspekten** kennen: Kardinalzahlaspekt, Ordinalzahlaspekt, Maßzahlaspekt, Operatoraspekt, Rechenzahlaspekt, Codierungsaspekt (nach Padberg 1992, S. 8/9). Die verschiedenen Zahlaspekte hängen eng miteinander zusammen und werden integrativ verfolgt, sodass die Kinder einen umfassenden Zahlbegriff entwickeln. Ab der Zahl 10 werden die Zahlen in der dekadischen Darstellung zweistellig notiert. Das **Prinzip der Bündelung** und das **Prinzip des Stellenwerts** sind grundlegend für die Einsicht in das dekadische Positionssystem der Zahlendarstellung.

Warum?

„Vorstellungen und Vorstellungsbilder bestimmen die Qualität des mathematischen Denkens."
(Lorenz/Radatz 1993, S. 50)

„Aus verschiedenen Gründen entwickeln Schüler eigene, individuelle Vorstellungen, die den Lern- bzw. den Verstehensprozess behindern können."
(Lorenz/Radatz 1993, S. 58)

Es gilt, dieser Gefahr durch den Aufbau eines fundierten Zahlverständnisses entgegenzuwirken, zumal Zahlbegriffe als Verständnisbasis für das Rechnen erkannt wurden.
„Zwischen Zahlbegriff und Rechenfertigkeit muss ein enger Zusammenhang angenommen werden. Die im Zahlbegriff enthaltenen logischen Beziehungen dürften die Grundlage des operativen Denkens im Rechnen überhaupt sein."
(Grissmann/Weber 1996, S. 18)

Zahlvorstellung im ZR 20 – Übung 1

Material: Ausschneidevorlage „Zahlenband bis 20"
→ Zahlvorstellung im ZR bis 20, KV 01

Das Kind zählt verbal die Zahlen bis 20 vorwärts und rückwärts, ab einer vorgegebenen Zahl vorwärts und rückwärts, in Zweierschritten vorwärts und rückwärts.
Bei Unsicherheiten darf es auf das Zahlenband zurückgreifen.

1	2	3	4	5	6	7	8	9	10	11	12	13	14	15	16	17	18	19	20

Zahlvorstellung im ZR 20 – Übung 2

Material: Arbeitsblätter „Die Zahlen bis 6, 10 und 20 – Mengenbild, Zahlenreihe"
→ Zahlvorstellung im ZR bis 20, KV 02, 04, 06, S. 31, 33, 35

Das Kind soll eine auf ikonischer Ebene vorgegebene Anzahl von Objekten mit der dazugehörigen Zahl verbinden.

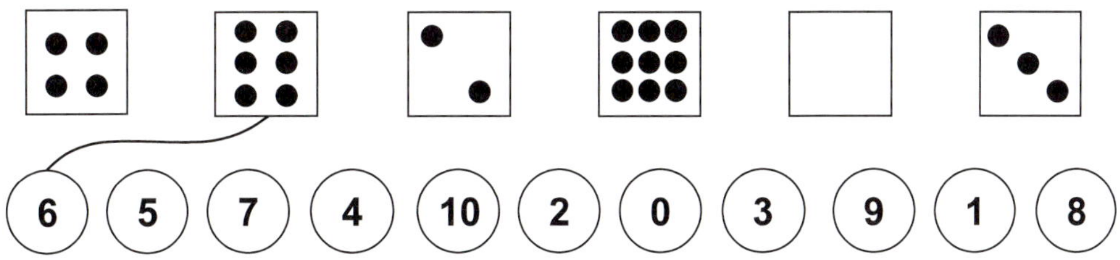

Als Umkehrung der Übung soll das Kind zu einer vorgegebenen Zahl die entsprechende Anzahl an Objekten (hier: Punkte) malen.

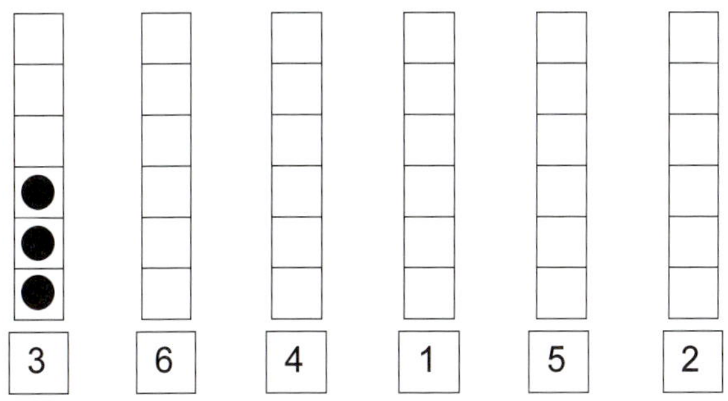

Zahlvorstellung im ZR 20 – Übung 3

Material: Arbeitsblätter „Die Zahlen bis 6, 10 und 20 – Mengenbild, Zahlenreihe"
→ Zahlvorstellung im ZR bis 20, KV 02, 04, 06, S. 31, 33, 35

Das Kind hat die Aufgabe, in vorgegebene Ausschnitte der Zahlenreihe die fehlenden Zahlen einzutragen.

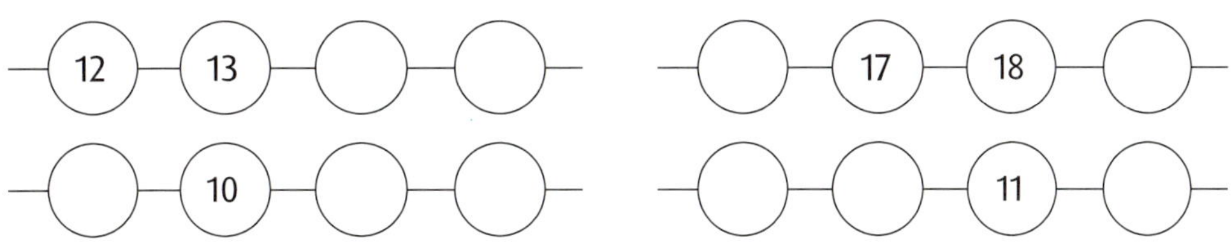

Zahlvorstellung im ZR 20 – Übung 4

Material: Arbeitsblätter „Die Zahlen bis 6, 10 und 20 – größer, kleiner, gleich?"
→ Zahlvorstellung im ZR bis 20, KV 03, 05, 07, S. 32, 34, 36

Das Kind hat die Aufgabe, in Vergleichssituationen sowohl auf ikonischer als auch auf symbolischer Ebene das passende Relationszeichen (>, <, =) einzusetzen.

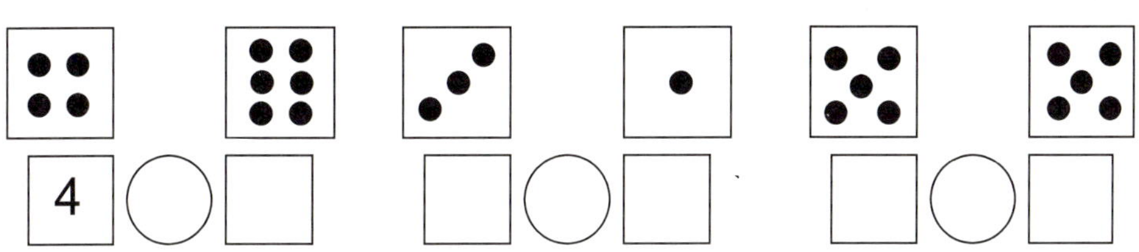

Zahlvorstellung im ZR 20 – Übung 5

Material: Arbeitsblatt „Zahlen bis 20 – Zehnerbündelung“
→ Zahlvorstellung im ZR bis 20, KV 08, S. 37

Das Kind bündelt vorgegebene Punktmengen durch das Umfahren von 10 Elementen. Es notiert das Bündelungsergebnis sowohl in der Stellenwerttafel als auch als Zahl.

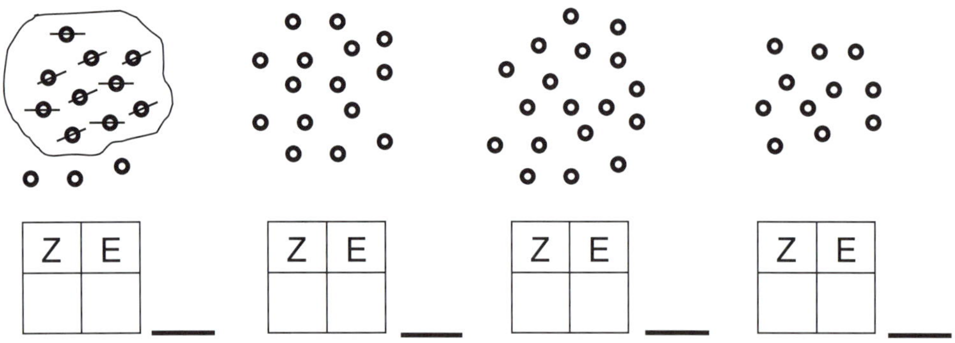

Zahlvorstellung im ZR 20 – Übung 6

Material: Ausschneidevorlage: „Darstellungsformen von Zahlen im ZR bis 20“
→ Zahlvorstellung im ZR bis 20, KV 09

Händigen Sie dem Kind die ausgeschnittenen Kärtchen der Kopiervorlage unsortiert aus. Das Kind hat die Aufgabe, solche Kärtchen, die die gleiche Zahl darstellen, zusammenzulegen.

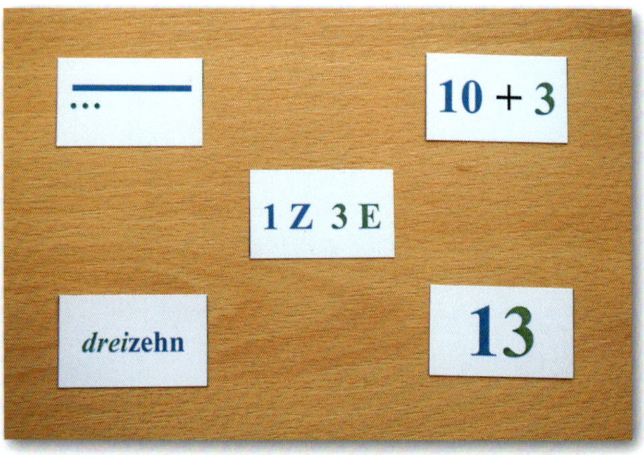

Erfahrungswerte:
Die meisten Förderkinder können überraschenderweise problemlos die Übungen zur Zahlvorstellung im Zahlenraum bis 20 bewältigen. Erklärungsbedarf entsteht manchmal beim Einsetzen der Relationszeichen. In diesem Fall können die Kinder nach einer kurzen Wiederholung der Begrifflichkeit die Zeichen sicher verwenden. Auch das begleitende Sprechen der Relationen sollte überprüft und ggf. wiederholt werden. Eine Reihe von Kindern ist nicht geübt im Lesen der Relationszeichen.

Literaturhinweise

- *Grissmann/Weber 1996, S. 18*
- *Lorenz/Radatz 1993, S. 50, 58*
- *Maier 1990, S. 7*
- *Padberg 1992, S. 1-36*
- *Radatz/Schipper/Ebeling/Dröge 1996, S. 74, 96/97*

Zahlen bis 6

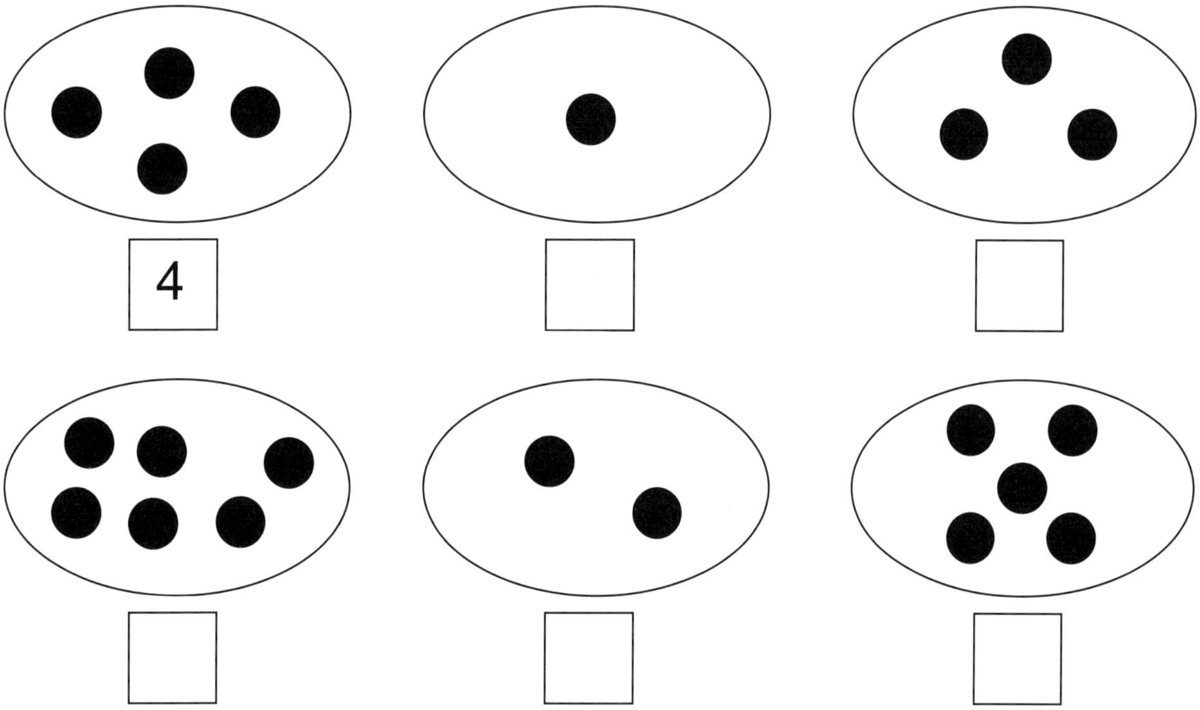

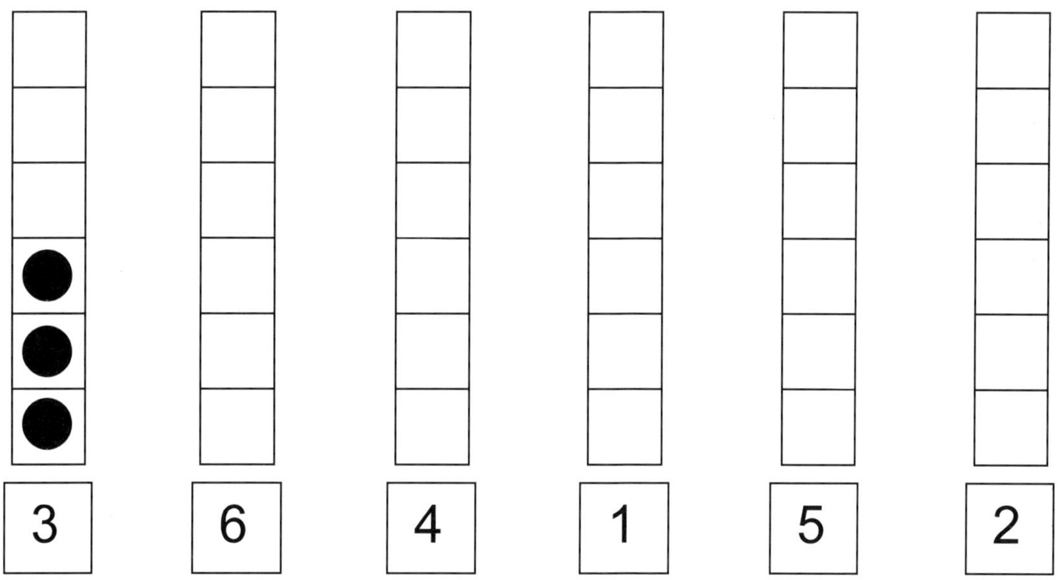

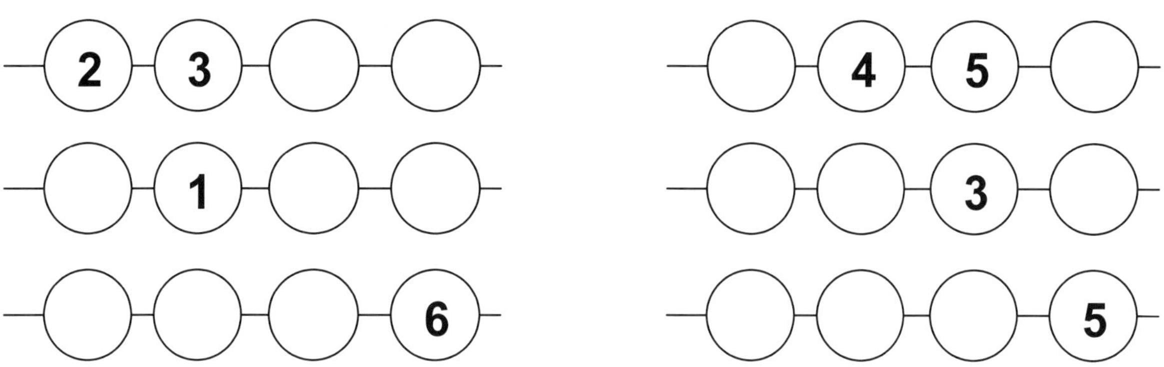

Verlag an der Ruhr | Claudia Herdemeier |
ISBN 978-3-8346-2255-6 | www.verlagruhr.de

Zahlen bis 6 – größer, kleiner, gleich?

Setze >, < oder = ein.

5 > 2 | ☐ ◯ ☐ | ☐ ◯ ☐

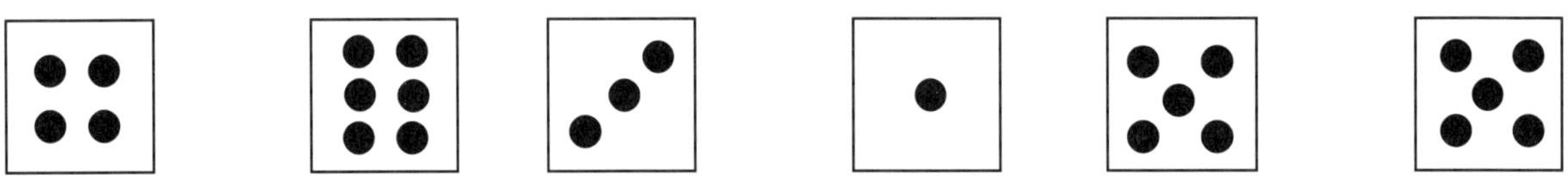

4 ◯ ☐ | ☐ ◯ ☐ | ☐ ◯ ☐

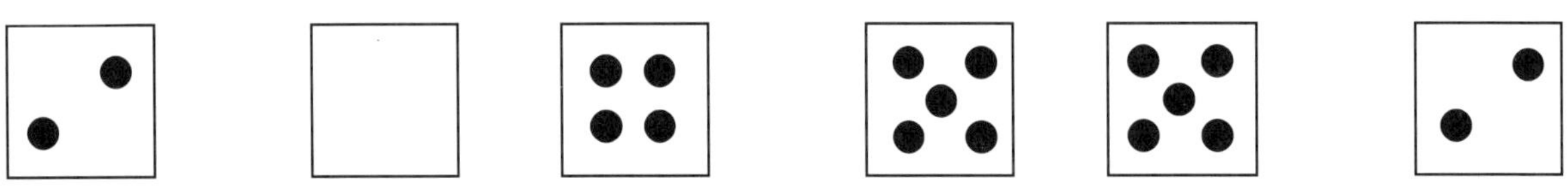

☐ ◯ ☐ | ☐ ◯ ☐ | ☐ ◯ ☐

2 ◯ 6 3 ◯ 0 4 ◯ 4 6 ◯ 5

1 ◯ 2 2 ◯ 1 3 ◯ 1 0 ◯ 0

Verlag an der Ruhr | Claudia Herdemeier |
ISBN 978-3-8346-2255-6 | www.verlagruhr.de

Zahlen bis 10

1. Verbinde Bild mit Zahl.

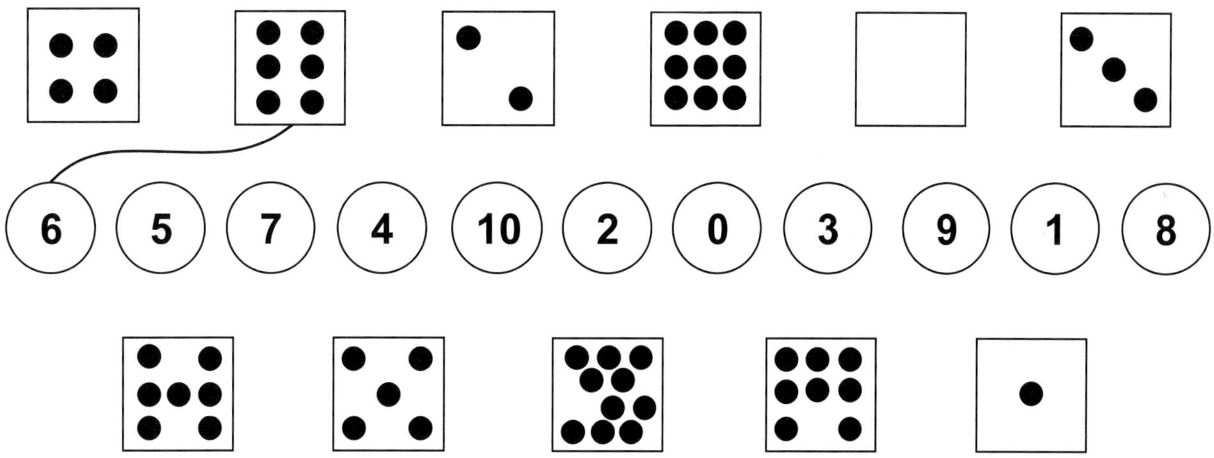

2. Ergänze die Zahlenreihe.

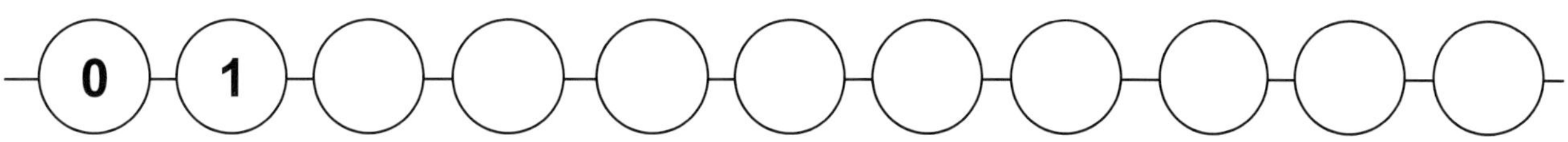

3. Welche Zahlen fehlen?

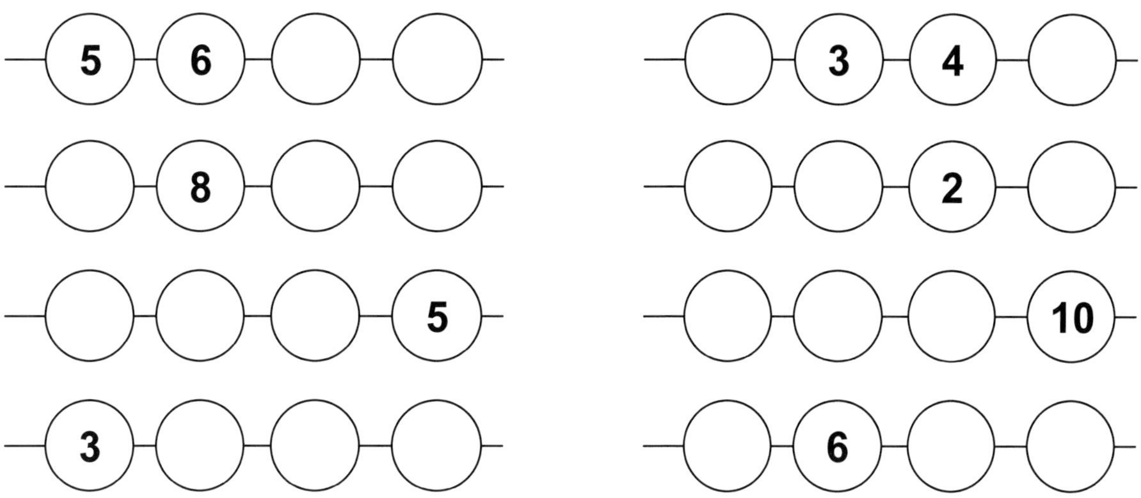

ISBN 978-3-8346-2255-6 | www.verlagruhr.de

Zahlen bis 10 – größer, kleiner, gleich?

Setze >, < oder = ein.

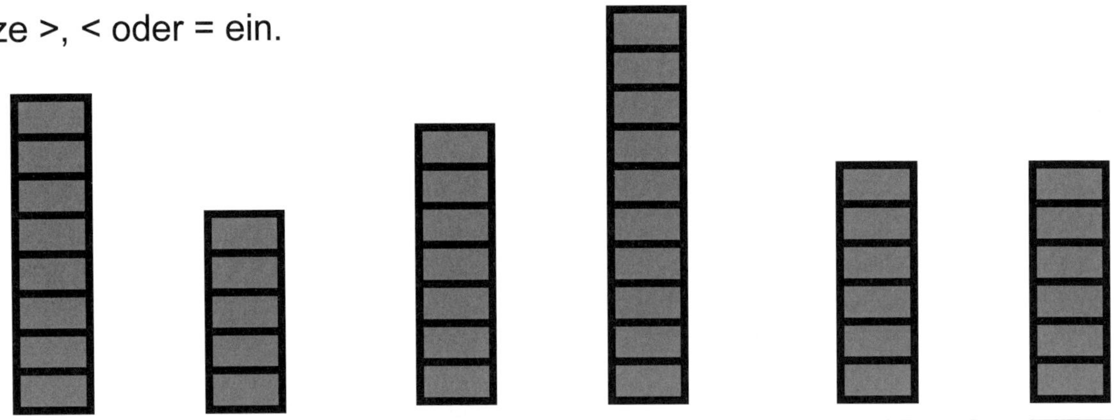

8 (>) 5   ☐ ◯ ☐   ☐ ◯ ☐

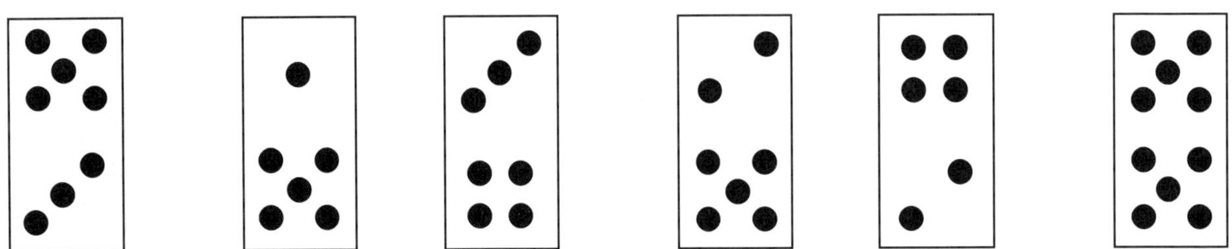

8 ◯ ☐   ☐ ◯ ☐   ☐ ◯ ☐

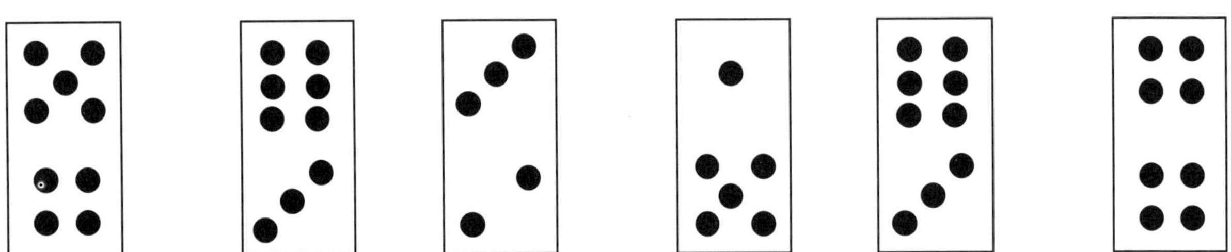

☐ ◯ ☐   ☐ ◯ ☐   ☐ ◯ ☐

5 ◯ 7   6 ◯ 6   1 ◯ 9   9 ◯ 6

4 ◯ 5   8 ◯ 6   9 ◯ 10   0 ◯ 3

Verlag an der Ruhr | Claudia Herdemeier |
ISBN 978-3-8346-2255-6 | www.verlagruhr.de

Zahlen bis 20

1. Verbinde Bild mit Zahl.

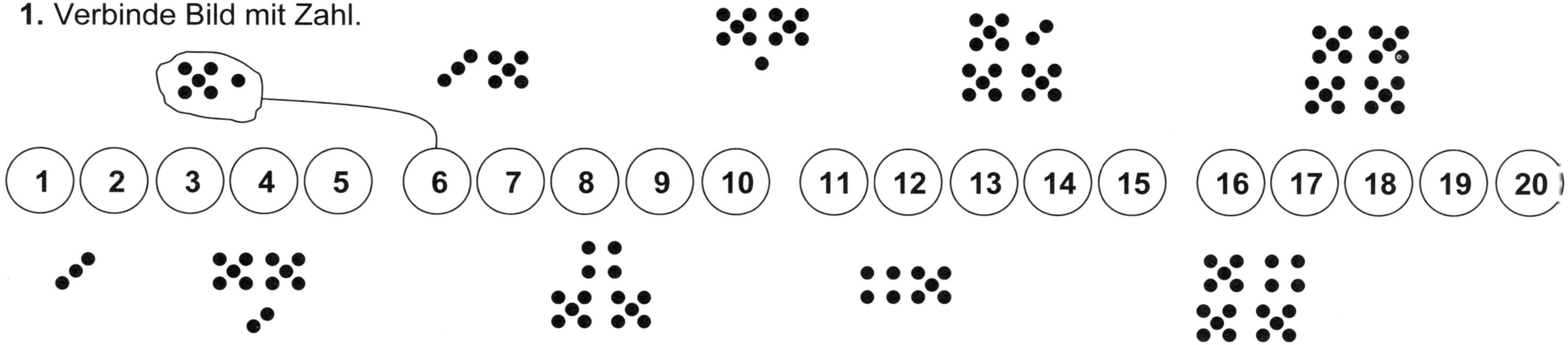

2. Welche Zahlen sind versteckt?

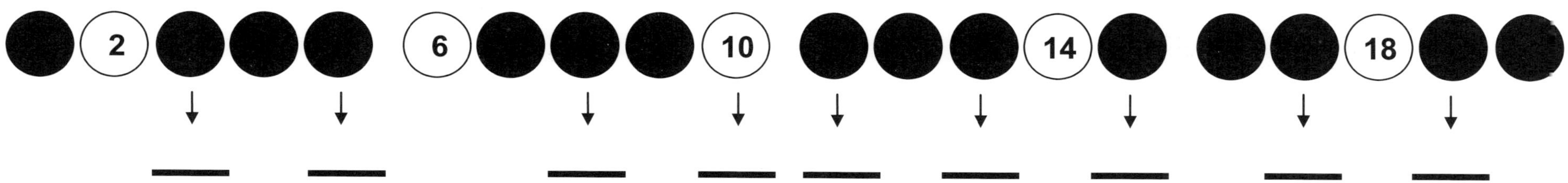

3. Welche Zahlen fehlen?

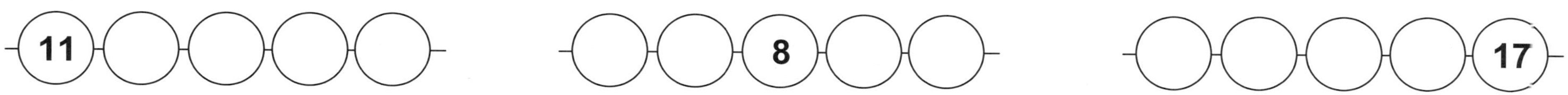

Verlag an der Ruhr | Claudia Herdemeier |
ISBN 978-3-8346-2255-6 | www.verlagruhr.de

Zahlen bis 20 – größer, kleiner, gleich?

Setze >, < oder = ein.

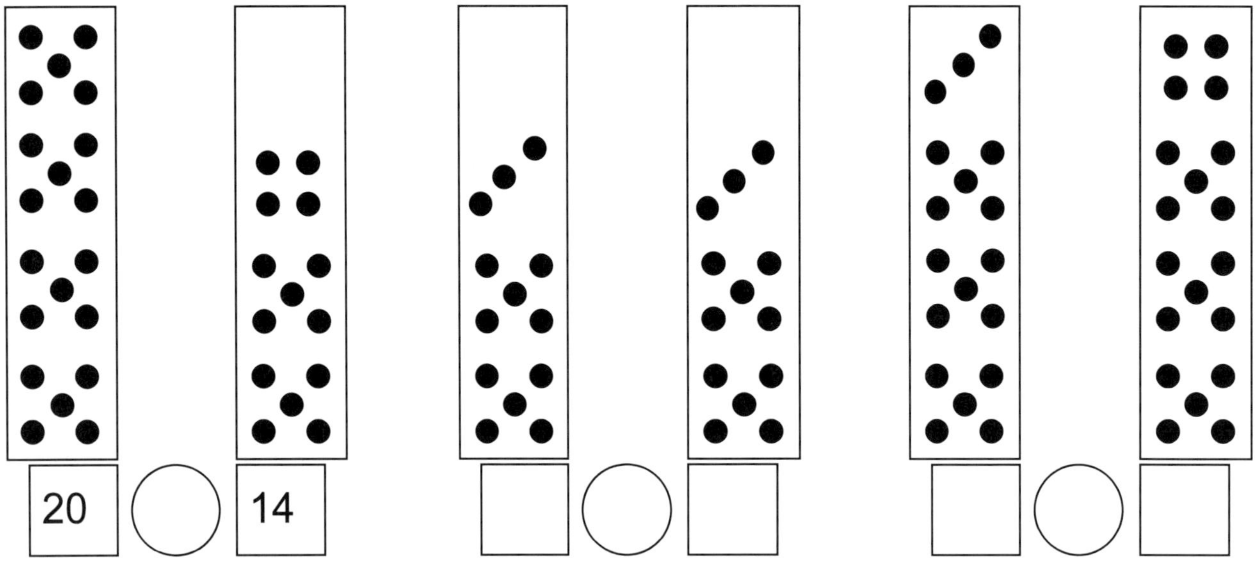

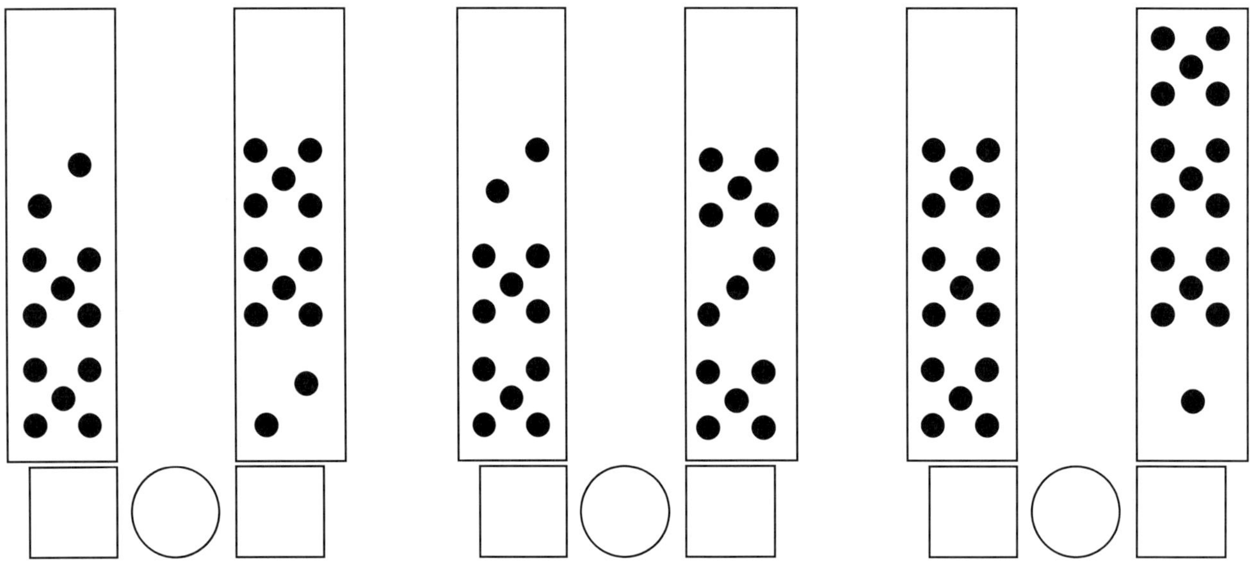

11 ◯ 14   15 ◯ 15   18 ◯ 19   9 ◯ 16

14 ◯ 5   18 ◯ 16   20 ◯ 10   10 ◯ 13

4 ◯ 15   19 ◯ 14   12 ◯ 20   7 ◯ 11

Verlag an der Ruhr | Claudia Herdemeier |
ISBN 978-3-8346-2255-6 | www.verlagruhr.de

Zahlen bis 20 – Zehnerbündelung

1. Bündele. Schreibe die Zahlen.

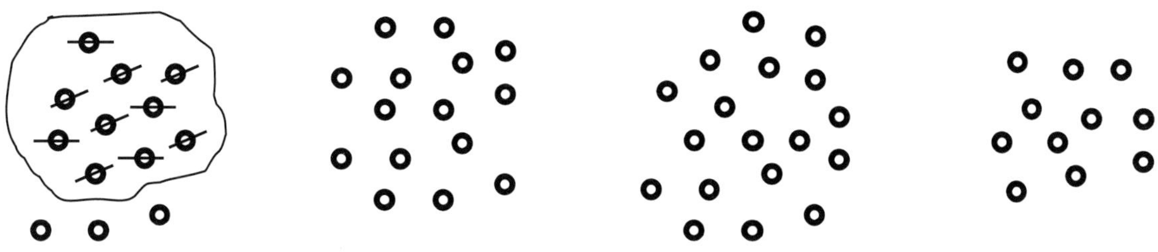

Z	E

___

Z	E

___

Z	E

___

Z	E

___

2. Schreibe die Zahlen.

Z	E

___

Z	E

___

Z	E

___

Z	E

___

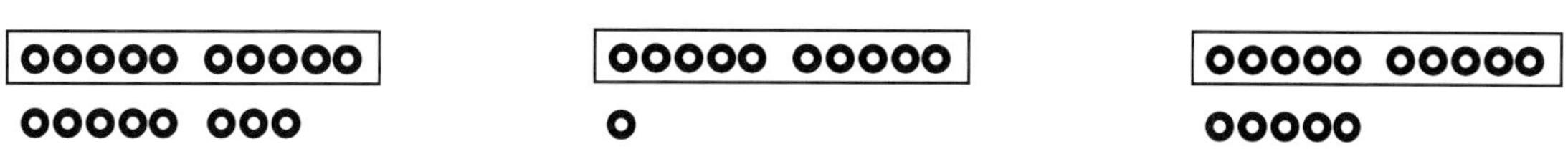

Z	E

___

Z	E

___

Z	E

___

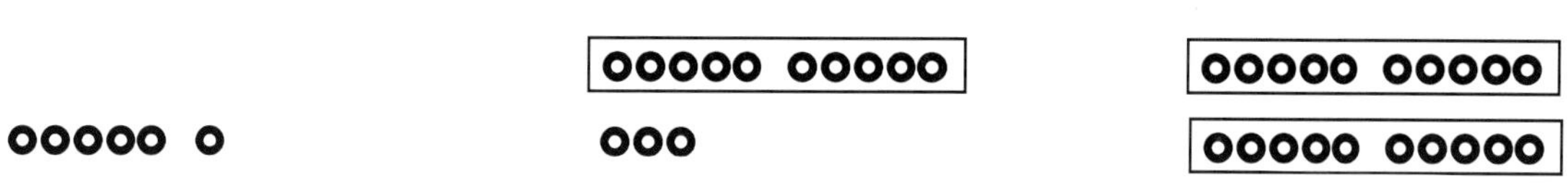

Z	E

___

Z	E

___

Z	E

___

Simultanauffassung im Zahlenraum bis 20

Was?

Bei der Simultanauffassung werden Anzahlen „auf einen Blick“, also simultan, erfasst. Während Erwachsene im Durchschnitt Mengen von ca. 6 Objekten (+/-1) simultan erfassen können, ist bei Kindern die Fähigkeit geringer ausgeprägt (3–4 Objekte). Das schnelle Erfassen größerer Anzahlen gelingt nur, wenn es sich um eine strukturierte Anordnung handelt, sodass die Wahrnehmung von Gruppierungen ermöglicht wird.

Warum?

Lernschwache Kinder nutzen häufig zur Anzahlerfassung das einzelne Abzählen. Zum Aufbau einer flexiblen Rechenfähigkeit und -fertigkeit ist es notwendig, dass die Kinder nicht unangemessen lange bei Zählstrategien verweilen. Vielmehr sollten sie dahingehend gefördert werden, dass sie bei der Anzahlerfassung effektive Strukturen nutzen.
Durch das Nutzen und Verinnerlichen der Strukturen (5er- und 10er-Struktur) werden tragfähige mentale Vorstellungsbilder der Zahlen aufgebaut, eine Grundlage für das denkende Rechnen.

Simultanauffassung im ZR 20 – Übung

Material: „Karten zur Simultanauffassung im ZR bis 20“
→ Simultanauffassung im ZR bis 20, KV 10–19

Die Punkte sind nach der „Kraft der 5“ und später, in größeren Zahlenräumen, zusätzlich nach der „Kraft der 10“ strukturiert angeordnet. Auch die vertrauten, sicher abgespeicherten Würfelbilder sind als strukturierte Anordnung sinnvoll.

Bei dieser Übung „Wie viele?“ zur strukturierten, quasi-simultanen Zahlauffassung zeigen Sie dem Kind ganz kurz Mengenkarten, etwa ein bis zwei Sekunden lang. Das Kind nennt anschließend die Anzahl, die es gesehen hat. Die Kinder bestimmen so, unter Ausnutzung der 5er- oder 10er-Struktur, oder auch unter Ausnutzung der Struktur der wohlbekannten Würfelbilder, die Anzahl der Menge.
Es handelt sich hierbei um eine „tachistoskopische Übung“, d.h., eine Übung, bei der den Kindern bewusst zu wenig Zeit für eine zählende Lösung eingeräumt wird. Voraussetzung für diese Übung ist, dass den Kindern die erwähnten Strukturen bekannt sind. Bei den Übungen ist es sinnvoll, die Kinder ihre individuelle Strategie bei der quasi-simultanen Anzahlerfassung beschreiben zu lassen.

Beispiel: Mengenkarte mit 18 Punkten:
„Woher weißt du, dass dies 18 Punkte sind?“
„Wie hast du die Anzahl ‚gesehen‘?“
(20 – 2, 10 + 5 + 3, ...)

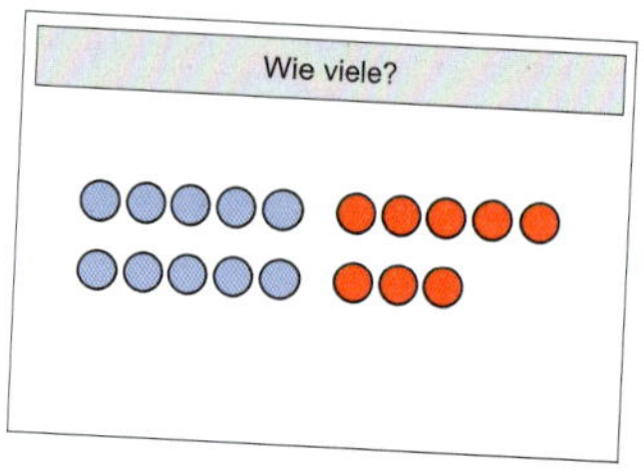

Erfahrungswerte:

Fast allen Kindern ist die 5er- und 10er-Struktur aus dem Unterricht bekannt. Nur einzelne Kinder berichten, dass ihnen diese strukturierte Anordnung unbekannt ist. Bei diesen Kindern wird die Struktur mit Hilfe einiger Mengenkarten erarbeitet. Manchmal treten bei den Übungen zur Simultanauffassung Unsicherheiten auf, die aber durch weitere Übungen relativ schnell behoben sind. Hier ist es immer wieder erstaunlich, zu beobachten, wie schnell die Kinder durch die Übungen Sicherheit bei der simultanen Anzahlerfassung gewinnen.

Literaturhinweise:

- *Bürkner/Grunst 1999, S. 57/58, Material 3.5.1f*
- *Müller/Wittmann 1995, S. 93-108*
- *Radatz/Schipper/Ebeling/Dröge 1996, S. 32/33, 35-46*
- *Scherer 1999, S. 25-37*

Zerlegungen im Zahlenraum bis 10

Was?

Bei den Zerlegungen werden Zahlen unter Verwendung des Pluszeichens additiv in zwei Summanden zerlegt. Die Beherrschung der Zahlzerlegungen im Zahlenraum bis 10 muss durch vielfältige Übungen zum automatisierten Wissensbestand der Kinder werden. Die Kinder sollten alle Zerlegungen abrufbar parat haben.

Warum?

Durch die Zerlegung von Anzahlen wird die gliedernde Mengenauffassung gefördert. Die Kinder entwickeln eine strukturierte Zahlvorstellung. Sie erschließen und verinnerlichen die operative Struktur der Zahlen und bauen so Vorstellungsbilder der Zahlen auf.
Durch die automatisierte Beherrschung der Zahlzerlegungen gelingen die Rechenoperationen schnell und mühelos. Dieser Wissensbestand der Kinder ist Grundlage für flexible Rechenstrategien, insbesondere für den klassischen Zehnerübergang (s.a. Förderbereich „Zehnerüberschreitung im ZR bis 20" und Förderbereich „Zehnerüberschreitung im ZR bis 100"). Zudem unterstützt das Auswendiglernen der Zahlzerlegungen die Ablösung vom zählenden Rechnen.

Diagnostische Übung zur Zahlzerlegung

Material: Muggelsteine

Es lässt sich schnell und leicht herausfinden, welche Zahlzerlegungen die Kinder beherrschen und an welcher Stelle die Unsicherheiten auftreten. Fangen Sie z.B. mit der Zahlzerlegung zur 4 an. Legen Sie vier Muggelsteine in eine Reihe vor das Kind, und lassen Sie die vorgegebene Anzahl der Steine von dem Kind nennen.

Anschließend bedecken Sie mit der Hand rechts von der Reihe einige Muggelsteine. Das Kind soll benennen, wie viele Steine sich unter der Hand befinden. Es nennt die Plusaufgabe, indem es zuerst die Anzahl der sichtbaren, dann die Anzahl der zugedeckten und schließlich die zerlegte Zahl nennt (*siehe Bild:* 2 + 2 = 4). Diese Übung kann man zu verschiedenen Zahlen durchführen. Man erhält auf diese Weise schnell einen Überblick, welche Stärken und Schwächen bei dem Kind bezüglich der Zahlzerlegungen auftreten.

Folgende Übungen dienen dem grundlegenden Verständnis der Zerlegungen.

Zerlegungen im ZR 10 – Übung 1

Material: Muggelsteine
Arbeitsblätter „Zerlegungshaus mit Zahlenhaus" (zu den Zahlen 3 bis 10),
→ Zerlegungen im ZR bis 10, KV 20–23, S. 44–47

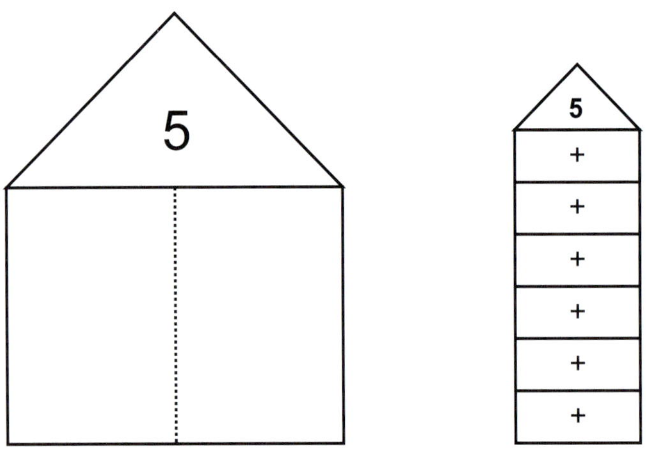

„Zerlegungshaus" **„Zahlenhaus"**

Zu einer vorgegebenen Zahl im Zahlenraum bis 10 soll das Kind entsprechend viele Muggelsteine in die beiden „Wohnungen" verteilen, sodass kein Stein übrig bleibt. Die herausgefundene Zerlegung wird als Additionsterm in das entsprechende Zahlenhaus eingetragen. Geben Sie dem Kind den Auftrag, möglichst alle Zerlegungen zu finden und in dem Zahlenhaus festzuhalten.
Fordern Sie das Kind auf, die aufgeschriebenen Additionsterme in dem Zahlenhaus zu betrachten und nach Auffälligkeiten Ausschau zu halten. Vielleicht entdeckt das Kind ja schon Tauschaufgaben oder Regelmäßigkeiten bei den aufgeschriebenen Termen. Die herausgefundenen Gesetzmäßigkeiten helfen dem Kind sowohl beim Finden aller Zerlegungen einer weiteren vorgegebenen Zahl als auch beim Automatisieren der Zerlegungen.

Hinweis:
Es bietet sich an, an dieser Stelle die **Tauschaufgaben** zu thematisieren. Die Menge der Steine in den Wohnungen wird vertauscht. Dies sollte man als Handlung von dem Kind durchführen lassen. Bei den aufgeschriebenen Additionstermen werden dementsprechend die Zahlen vertauscht.

„Vertausche die Muggelsteine in den beiden Wohnungen. Sind es immer noch gleich viele Muggelsteine?"

Lassen Sie in den ausgefüllten Zahlenhäusern die Tauschaufgaben von dem Kind durch eine Verbindungslinie markieren.

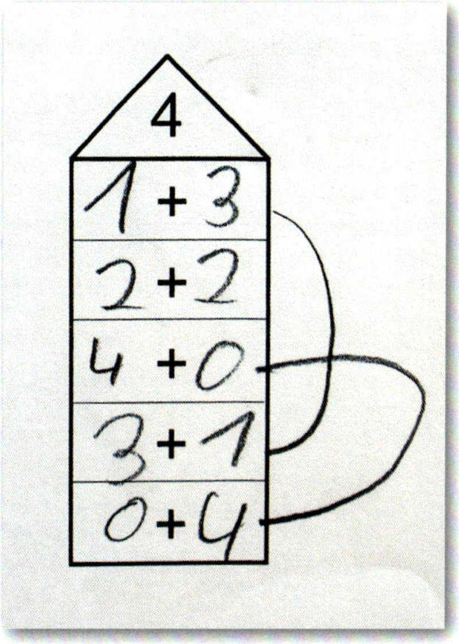

Zerlegungen im ZR 10 – Übung 2:

Material: Rechentunnel zu den Zerlegungszahlen 3 bis 10
→ Zerlegungen im ZR bis 10, KV 28–35

Drucken Sie die Rechentunnel-Vorlagen der CD am besten auf etwas stabileres Papier aus, oder übertragen Sie die Vorlage auf Pappe.
Die jeweilige Zerlegungszahl wird auf dem Streifen mit Punkten dargestellt und gut sichtbar als Zahl auf den Tunnel geschrieben. Bei der Anordnung der Punkte wurde auf die „Kraft der 5" geachtet. Links vom Tunnel wird der Streifen ein Stück herausgezogen, sodass das Kind eine Anzahl von Punkten sieht und diese benennt.
Nun soll das Kind ermitteln, wie viele Punkte im Tunnel „versteckt" sind. Es nennt dazu die Plusaufgabe. Als Selbstkontrolle kann das Kind den Streifen herausziehen.

„Ich sehe zwei Punkte. Drei Punkte sind versteckt. Insgesamt sind es fünf Punkte."

„2 + 3 = 5"

Diese Übung kann man zugleich als diagnostische Übung zur Zahlzerlegung einsetzen. Ziel ist es, dass das Kind die Plusaufgaben, ohne zu rechnen, mit Hilfe des Rechentunnels automatisiert benennen kann.

Zerlegungen im ZR 10 – Übung 3

Material: Schüttelkästen zu den verschiedenen Zerlegungszahlen (unterschiedliche Modelle erhältlich bei verschiedenen Verlagen und Händlern)

Schüttelboxen sind wahrscheinlich das beliebteste Instrument für die Zahlzerlegung. Es gibt sie in unterschiedlichen Varianten (Streichholzschachteln, Plastikboxen oder die hier abgebildeten schönen Holzboxen).
Von ihnen geht ein hoher Aufforderungscharakter aus. Sie können Zerlegungen wunderbar optisch darstellen und „beweisen" den Kindern, dass trotz unterschiedlicher Plusaufgaben das Ergebnis gleich bleibt (es kann ja keine Perle verlorengehen).

Nach dem Schüttelvorgang haben sich die Perlen auf die beiden Bereiche zufällig verteilt. Der linke Teil mit den dazugehörigen Perlen ist sichtbar. Das Kind kann leicht die Anzahl benennen. Der rechte Teil ist abgeklebt, sodass die Anzahl aus der Vorstellung heraus genannt werden muss. Zur Selbstkontrolle dreht das Kind den Schüttelkasten um und kann nun so die vorher versteckten Perlen erkennen.

Die folgenden Übungen dienen der Automatisierung der Zerlegungsaufgaben ohne Anschauung.

Zerlegungen im ZR 10 – Übung 4

Material: Arbeitsblätter „Zerlegungsaufgaben"
→ Zerlegungen im ZR bis 10, KV 24–27, S. 48–51

Diese Kopiervorlagen sind selbsterklärend. Geben Sie dem Kind die Aufgabe, die Lücken in den Zahlenhäusern zu füllen. Die Zerlegungsaufgaben sind hier unstrukturiert angeordnet und dienen dem automatisierenden Üben.

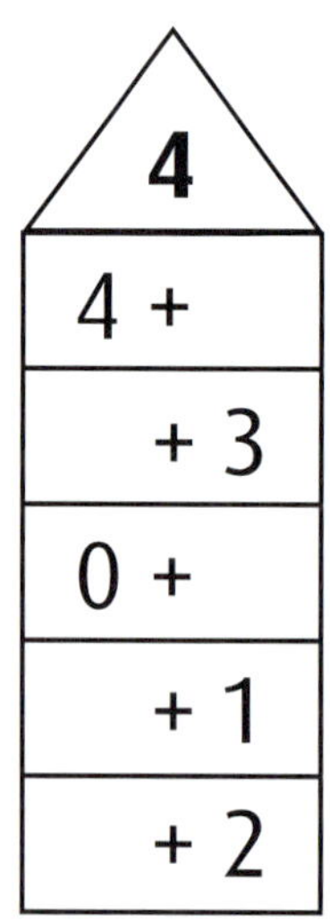

Zerlegungen im ZR 10 – Übung 5

Als Kopfrechenübung nennen Sie dem Kind eine Zerlegungszahl und den ersten Summanden. Das Kind nennt die additive Ergänzung.

Erfahrungswerte:

Die meisten Kinder aus dem 4. Schuljahr haben die Zerlegungsaufgaben automatisiert. Nur einzelne Kinder sind bei der ein oder anderen Aufgabe noch unsicher und errechnen sich diese. Nach ein paar Übungen gehören die Zerlegungsaufgaben schnell zum automatisierten Wissensbestand.
Bei den Kindern aus dem 2. und 3. Schuljahr ist der automatisierte Wissensbestand der Zerlegungsaufgaben recht unterschiedlich entwickelt. Es gibt Kinder aus dem 3. Schuljahr, die ab der Zerlegungszahl 6 unsicher sind, und es gibt einzelne Kinder aus dem 2. Schuljahr, die die Zerlegungsaufgaben komplett auswendig beherrschen. Hier muss der individuelle Lernstand ermittelt werden. Durch die diagnostischen Übungen (s.o.) hat man schnell einen Überblick, welche Zerlegungen beherrscht werden und bei welchen Aufgaben die Zerlegungen noch nicht automatisiert sind. Bei einzelnen Kindern ist das grundlegende Verständnis der Zerlegungen noch nicht gesichert, sodass hier zuerst Übungen zum grundlegenden Verständnis durchgeführt werden müssen, bevor die Übungen zur Automatisierung erfolgen.
Die Zerlegungen der verschiedenen Zerlegungszahlen sollten immer wieder geübt werden, um den Wissensbestand zu vertiefen und zu sichern.

Literaturhinweise

- *Bürkner/Grunst, Material 3.5.2a – 3.5.2c*
- *Ganser 2004, S. 165–175*
- *Köppen 1994, S. 134–139, 145*
- *Radatz/Schipper/Ebeling/Dröge 1996, S. 70 a–74. Kopiervorlage A10*

Zerlegungshaus mit Zahlenhaus

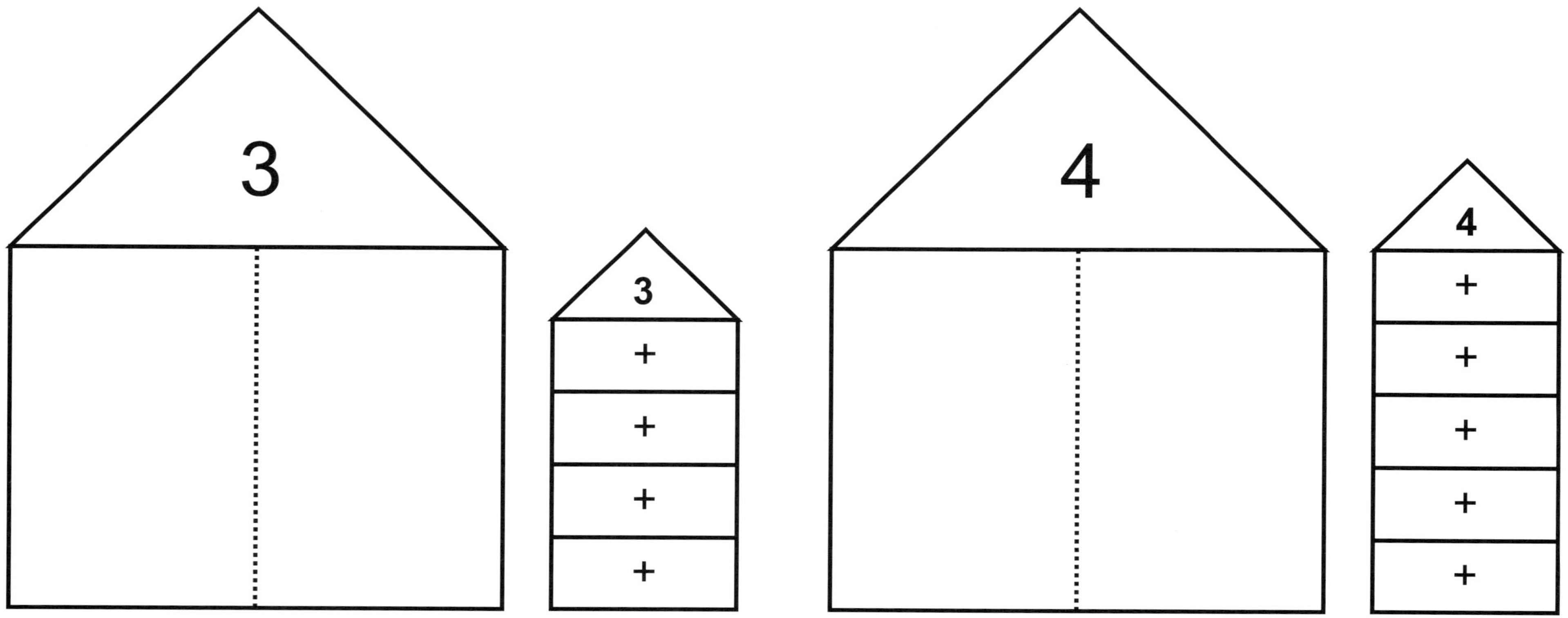

Verlag an der Ruhr | Claudia Herdemeier |
ISBN 978-3-8346-2255-6 | www.verlagruhr.de

Zerlegungshaus mit Zahlenhaus

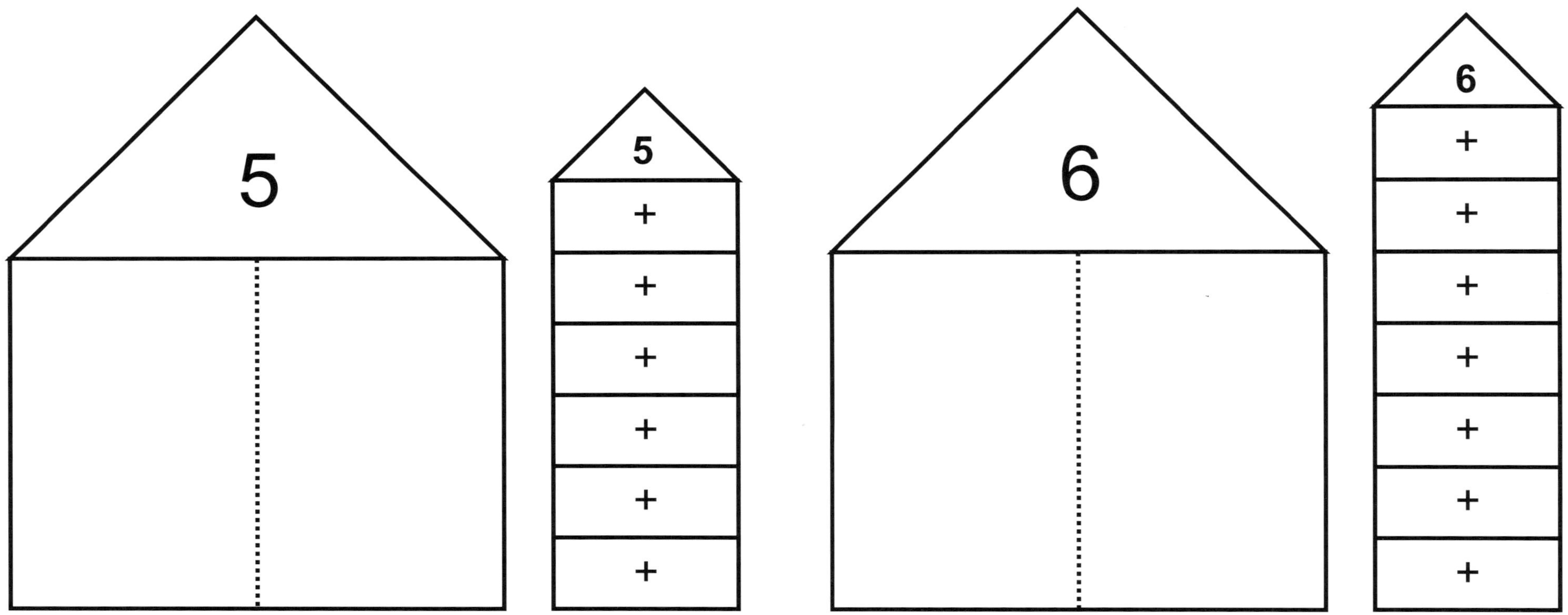

Verlag an der Ruhr | Claudia Herdemeier |
ISBN 978-3-8346-2255-6 | www.verlagruhr.de

Zerlegungshaus mit Zahlenhaus

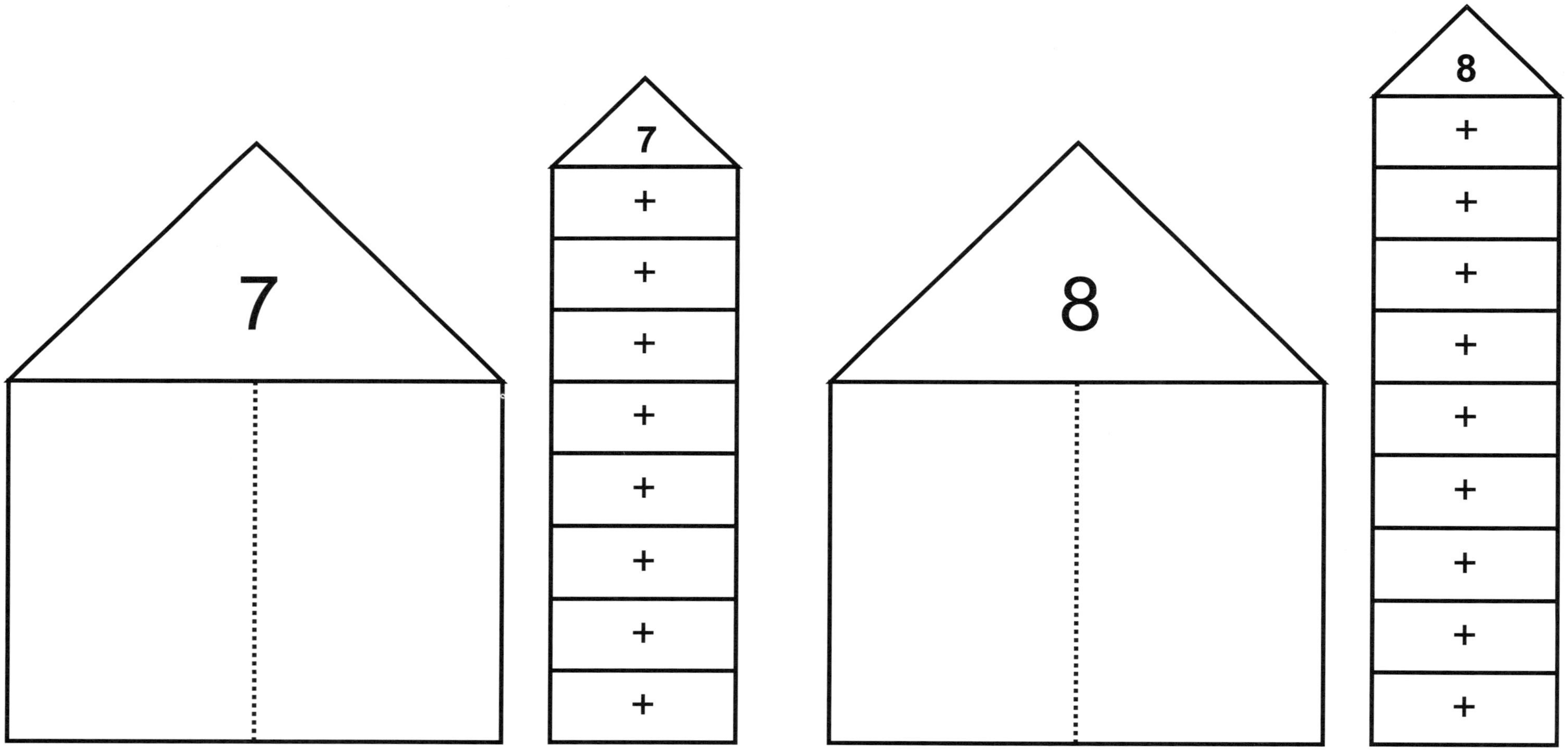

Verlag an der Ruhr | Claudia Herdemeier |
ISBN 978-3-8346-2255-6 | www.verlagruhr.de

Zerlegungshaus mit Zahlenhaus

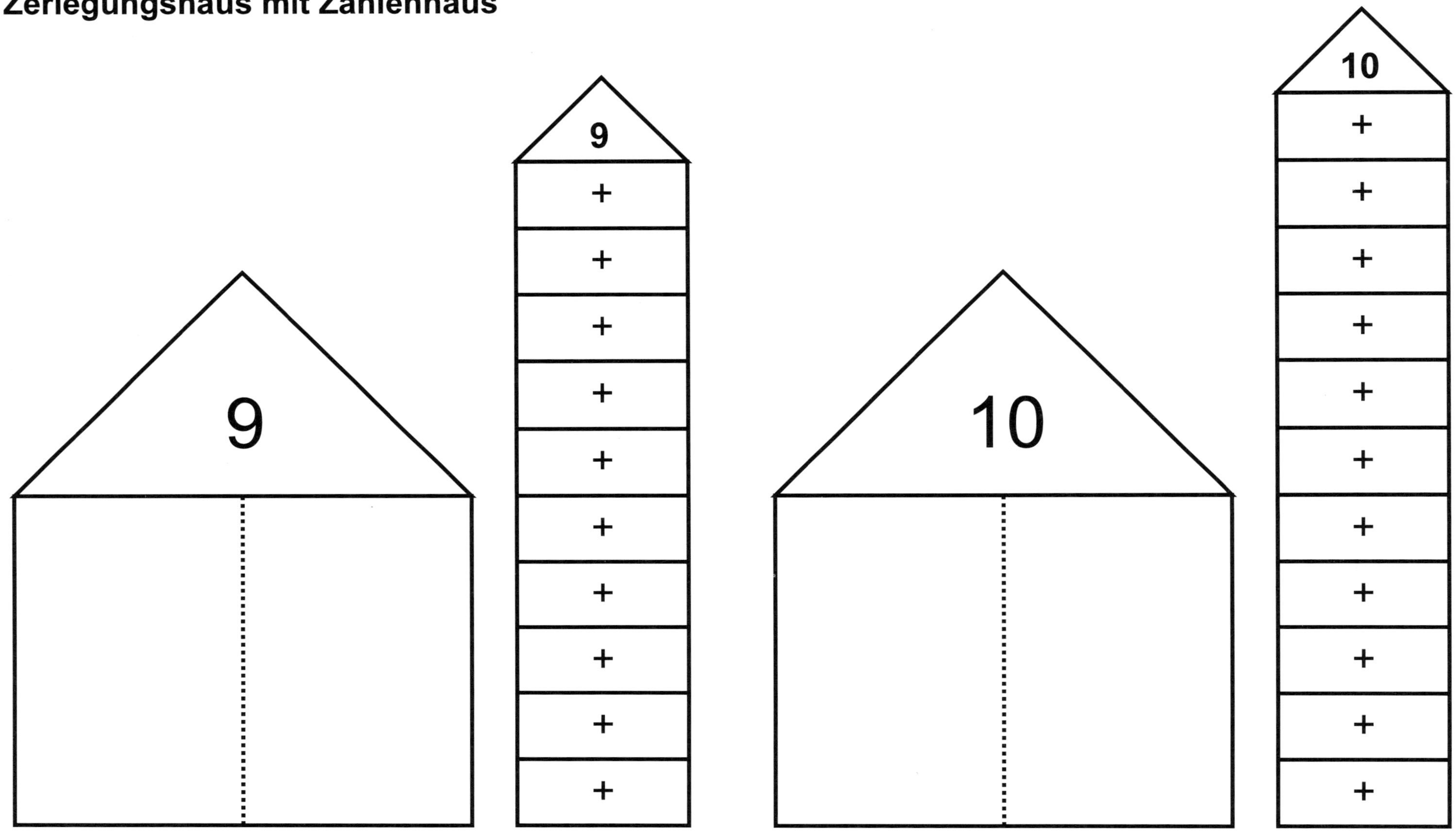

ISBN 978-3-8346-2255-6 | www.verlagruhr.de

Zerlegungsaufgaben zur 4 und 5

4	4	4	4
3 +	2 +	+ 0	4 +
1 +	4 +	+ 2	+ 3
0 +	3 +	+ 4	0 +
2 +	0 +	+ 1	+ 1

3 + □ = 4	2 + □ = 4	□ + 1 = 4	1 + □ = 4
1 + □ = 4	1 + □ = 4	□ + 3 = 4	□ + 2 = 4
2 + □ = 4	4 + □ = 4	□ + 0 = 4	3 + □ = 4
0 + □ = 4	3 + □ = 4	□ + 2 = 4	□ + 4 = 4

5	5	5	5
1 +	3 +	+ 0	2 +
3 +	2 +	+ 3	+ 4
4 +	5 +	+ 4	3 +
2 +	4 +	+ 2	+ 1

4 + □ = 5	1 + □ = 5	□ + 3 = 5	3 + □ = 5
2 + □ = 5	4 + □ = 5	□ + 2 = 5	□ + 1 = 5
3 + □ = 5	5 + □ = 5	□ + 0 = 5	2 + □ = 5
0 + □ = 5	2 + □ = 5	□ + 4 = 5	□ + 0 = 5

Verlag an der Ruhr | Claudia Herdemeier |
ISBN 978-3-8346-2255-6 | www.verlagruhr.de

Zerlegungsaufgaben zur 6 und 7

6	6	6	6
3 +	2 +	+ 0	4 +
1 +	4 +	+ 2	+ 3
0 +	3 +	+ 4	0 +
2 +	0 +	+ 1	+ 1

5 + ☐ = 6	3 + ☐ = 6	☐ + 1 = 6	3 + ☐ = 6
4 + ☐ = 6	1 + ☐ = 6	☐ + 2 = 6	☐ + 2 = 6
2 + ☐ = 6	5 + ☐ = 6	☐ + 5 = 6	5 + ☐ = 6
1 + ☐ = 6	4 + ☐ = 6	☐ + 3 = 6	☐ + 1 = 6

7	7	7	7
2 +	6 +	+ 2	2 +
5 +	0 +	+ 3	+ 4
4 +	5 +	+ 6	6 +
6 +	4 +	+ 5	+ 5

5 + ☐ = 7	2 + ☐ = 7	☐ + 2 = 7	5 + ☐ = 7
4 + ☐ = 7	1 + ☐ = 7	☐ + 6 = 7	☐ + 1 = 7
3 + ☐ = 7	5 + ☐ = 7	☐ + 0 = 7	3 + ☐ = 7
6 + ☐ = 7	0 + ☐ = 7	☐ + 4 = 7	☐ + 6 = 7

Zerlegungsaufgaben zur 8 und 9

8	8	8	8
2 +	4 +	+ 2	3 +
7 +	1 +	+ 5	+ 4
5 +	3 +	+ 4	0 +
6 +	5 +	+ 3	+ 2

5 + □ = 8	0 + □ = 8	□ + 6 = 8	6 + □ = 8
4 + □ = 8	1 + □ = 8	□ + 2 = 8	□ + 4 = 8
2 + □ = 8	7 + □ = 8	□ + 0 = 8	8 + □ = 8
6 + □ = 8	3 + □ = 8	□ + 5 = 8	□ + 7 = 8

9	9	9	9
6 +	1 +	+ 5	2 +
8 +	2 +	+ 3	+ 6
4 +	9 +	+ 7	3 +
3 +	5 +	+ 8	+ 0

4 + □ = 9	2 + □ = 9	□ + 3 = 9	3 + □ = 9
7 + □ = 9	1 + □ = 9	□ + 7 = 9	□ + 8 = 9
0 + □ = 9	5 + □ = 9	□ + 6 = 9	5 + □ = 9
6 + □ = 9	3 + □ = 9	□ + 4 = 9	□ + 9 = 9

Verlag an der Ruhr | Claudia Herdemeier |
ISBN 978-3-8346-2255-6 | www.verlagruhr.de

Zerlegungsaufgaben zur 10/gemischt

10	10	10	10
5 +	2 +	+ 6	4 +
9 +	3 +	+ 2	+ 5
0 +	4 +	+ 8	0 +
1 +	9 +	+ 7	+ 9

8 + ☐ = 10	7 + ☐ = 10	☐ + 6 = 10	4 + ☐ = 10
6 + ☐ = 10	5 + ☐ = 10	☐ + 8 = 10	☐ + 2 = 10
2 + ☐ = 10	0 + ☐ = 10	☐ + 3 = 10	9 + ☐ = 10
9 + ☐ = 10	1 + ☐ = 10	☐ + 7 = 10	☐ + 0 = 10

8	6	9	7
7 +	3 +	+ 5	2 +
3 +	4 +	+ 7	+ 6
2 +	1 +	+ 9	4 +
6 +	0 +	+ 1	+ 0

3 + ☐ = 6	1 + ☐ = 8	☐ + 3 = 4	3 + ☐ = 10
2 + ☐ = 10	2 + ☐ = 5	☐ + 7 = 8	☐ + 6 = 9
5 + ☐ = 7	1 + ☐ = 3	☐ + 2 = 5	3 + ☐ = 6
1 + ☐ = 4	5 + ☐ = 9	☐ + 1 = 7	☐ + 1 = 8

Verdopplungsaufgaben im Zahlenraum bis 20

Was?

Das Verdoppeln hatte im Mittelalter einen hohen Stellenwert und wurde noch als eigene Rechnungsart behandelt. Die Verdopplungsaufgaben 1 + 1, 2 + 2, ..., 10 + 10 gehören zu den Aufgaben, auf die sich viele andere Additionsaufgaben operativ zurückführen lassen.
(z.B. das „Verdoppeln plus 1“, beispielsweise 5 + 5 = 10, also 6 + 5 (als Nachbaraufgabe) = 5 + 5 + 1 = 10 + 1 = 11).

Warum?

Rechenschwache Kinder unterliegen erfahrungsgemäß der Problematik, zählende Rechenverfahren zu verfestigen, d.h., sie haben keine Ableitungsstrategien und selten Aufgabensätze des „Kleinen Einspluseins“ zur Verfügung, auf die sie zurückgreifen können. Durch das Automatisieren der Verdopplungsaufgaben können die Kinder elf Aufgaben des „Kleinen Einspluseins“, ohne zu zählen, lösen.

Die beiden ersten Übungen dienen dem grundlegenden Verständnis des Verdoppelns.

Verdopplung ZR 20 – Übung 1

Material: Muggelsteine

Geben Sie dem Kind die Aufgabe, eine bestimmte Anzahl an Muggelsteinen zu legen. Anschließend soll es genauso viele Steine dazulegen und die dazugehörige Verdopplungsaufgabe notieren.

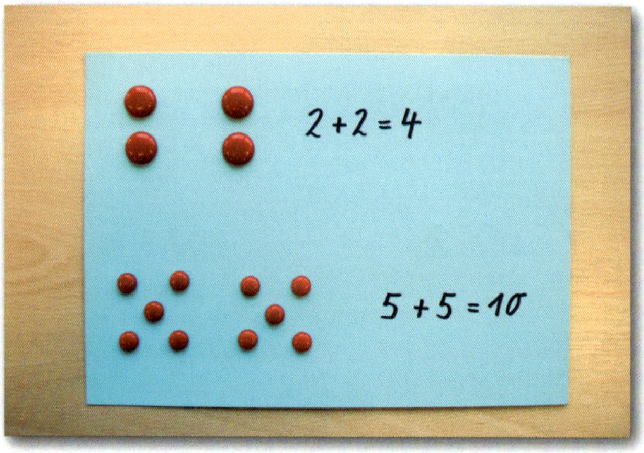

Verdopplung ZR 20 – Übung 2:

Material: Muggelsteine, Spiegel

Geben Sie dem Kind die Aufgabe, eine bestimmte Anzahl an Muggelsteinen zu legen. Anschließend soll es den Spiegel anlegen, sodass sich die Muggelsteine optisch verdoppeln. Das Kind stellt fest, wie viele Steine vor dem Spiegel und wie viele Steine in dem Spiegel sichtbar sind. Die entsprechende Verdopplungsaufgabe wird notiert.
Zur selbstständigen Vertiefung geben Sie dem Kind die weitere Aufgabe, alle Verdopplungsaufgaben im Zahlenraum bis 20 zu finden und aufzuschreiben.

Die nächste Übung fördert die Automatisierung der Verdopplungsaufgaben mit Anschauungsmaterial.

Verdopplung ZR 20 – Übung 3

Material: Karten zur Verdopplung (strukturiert nach der „Kraft der 5")
→ Verdopplungsaufgaben im ZR bis 20, KV 36–38

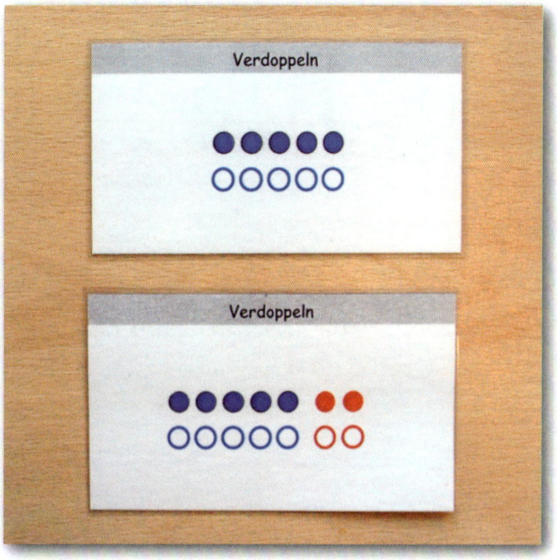

Stellen Sie dem Kind nacheinander verschiedene Verdopplungskärtchen zur Verfügung. Das Kind nennt die zum Punktebild passende Verdopplungsaufgabe, z.B. „7 plus 7 gleich 14". Als Selbstkontrollmöglichkeit können Sie die entsprechende Aufgabe auf die Rückseite der Karte schreiben (z.B. „7 + 7 = 14", oder auch „Das Doppelte von 7 ist gleich 14.").

Die nächsten Übungen fördern die Automatisierung der Verdopplungsaufgaben ohne Anschauungsmaterial.

Verdopplung ZR 20 – Übung 4

Material: Arbeitsblatt „Verdopplungsaufgaben im ZR bis 20"
→ Verdopplungsaufgaben im ZR bis 20, KV 39, S. 54

Hier bearbeitet das Kind die Verdopplungsaufgaben auf rein symbolischer Ebene. Es trägt jeweils das Doppelte der Zahlen in die leeren Stellen ein.

Zahl	3	6	4	7	9	2	0	10	5	1	8
das Doppelte											

Verdopplung ZR 20 – Übung 5

Führen Sie mündliche Kopfrechenaufgaben zum Verdoppeln durch.
Fragen Sie: „Was ist das Doppelte von ...?"

Erfahrungswerte:

Die meisten Förderkinder aus dem 3. und 4. Schuljahr haben die Verdopplungsaufgaben automatisiert. Noch etwas unsichere Kinder gewinnen bei der Wiederholung aber schnell an Sicherheit. Bei den Kindern aus dem 2. Schuljahr häufen sich die Unsicherheiten bzgl. der Automatisierung der Verdopplungsaufgaben. Das grundlegende Verständnis für das Verdoppeln ist aber meistens vorhanden. Nur bei einzelnen Kindern müssen noch grundlegende Übungen zum Verdoppeln durchgeführt werden, bevor die automatisierenden Übungen einsetzen.

Literaturhinweise:

- *Bürkner/Grunst 1999, Material 3.5.2k und Material 3.5.2l*
- *Wittmann/Müller 1994, S. 28–30*

Verdoppeln

Zahl											
das Doppelte											

Zahl	3	6	4	7	9	2	0	10	5	1	8
das Doppelte											

Zahl	8	10	3	1	7	9	6	2	4	5	0
das Doppelte											

Zahl	2	5	8	0	1	6	10	9	4	7	3
das Doppelte											

Zahl	9	1	0	8	3	10	5	7	2	4	6
das Doppelte											

Zahl	7	2	3	0	8	9	5	6	10	1	4
das Doppelte											

Verlag an der Ruhr | Claudia Herdemeier |
ISBN 978-3-8346-2255-6 | www.verlagruhr.de

Halbierungsaufgaben im Zahlenraum bis 20

Was?

Das Halbieren ist genauso wie das Verdoppeln eine wichtige Operation und sollte im Zusammenhang mit dem Verdoppeln als Umkehroperation thematisiert werden. Ist das Verständnis für das Verdoppeln vorhanden und sind die Verdopplungsaufgaben im Zahlenraum bis 20 automatisiert, so dient dieses Wissen als Grundlage für das Verständnis und die Automatisierung der Halbierungsaufgaben.

Warum?

Genauso wie beim Verdoppeln lernen die Kinder nach Grundlegung des Verständnisses für das Halbieren die Halbierungsaufgaben auswendig und können somit auf elf Aufgaben des „Kleinen Einsminuseins" automatisierend zurückgreifen. Das Auswendigwissen ist eine sehr schnelle Strategie für das Lösen von Subtraktionsaufgaben. Gleichzeitig werden im Zusammenhang mit dem Halbieren als Umkehroperation des Verdoppelns die Verdopplungsaufgaben vertieft.

Halbierung ZR 20 – Übung 1

Material: Muggelsteine, Arbeitsblatt „Halbierungsaufgaben im ZR bis 20"
→ Halbierungsaufgaben im ZR bis 20, KV 43, S. 57

Diese Übung dient dem grundlegenden Verständnis des Halbierens.
Geben Sie dem Kind die Aufgabe, eine bestimmte (gerade!) Anzahl von Muggelsteinen so zu legen, dass zwei gleich große Mengen entstehen. Das Kind benennt die Anzahl der gelegten Muggelsteine sowie die Hälfte der Zahl. Das Kind soll die Anzahl und die Hälfte schriftlich festhalten. Dazu kann eine solche Tabelle dienen:

Zahl										
die Hälfte										

Später können zudem die entsprechenden Minusaufgaben aufgeschrieben werden (z.B. 14 – 7 = 7).

Halbierung ZR 20 – Übung 2

Material: Karten zur Halbierung (strukturiert nach der „Kraft der 5")
→ Halbierungsaufgaben im ZR bis 20, KV 40–42

Diese Übung dient dem Automatisieren von Halbierungsaufgaben mit Anschauungsmaterial.

Händigen Sie dem Kind verschiedene Karten mit Punktmustern aus. Das Kind nennt die Gesamtanzahl (erleichtert durch die Struktur der „Kraft der 5“) und anschließend die Hälfte.

Auf der Rückseite der Karten können Sie als Selbstkontrollmöglichkeit die entsprechenden Halbierungsaufgaben festhalten (z.B. „12 – 6 = 6“ oder „Die Hälfte von 12 ist gleich 6.“).

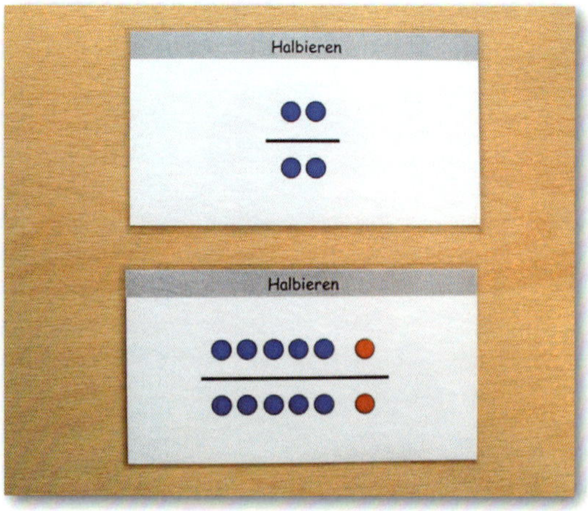

Halbierung ZR 20 – Übung 3:

Material: Arbeitsblatt „Halbierungsaufgaben im ZR bis 20“
→ Halbierungsaufgaben im ZR bis 20, KV 43, S. 57

Diese Übung dient dem Automatisieren von Halbierungsaufgaben ohne Anschauungsmaterial. Das Kind trägt die Hälfte der Zahlen in die Vorlage ein.

Zahl	4	6	12	2	14	0	16	10	18	20	8
die Hälfte											

Halbierung ZR 20 – Übung 4

Führen Sie mündliche Übungen zum Halbieren durch.
Fragen Sie: „Was ist die Hälfte von ...?“

Erfahrungswerte:

Die Kinder aus dem 4. Schuljahr, die die Verdopplungsaufgaben automatisiert haben, beherrschen meistens auch die Halbierungsaufgaben. Bei den Kindern aus dem 2. und 3. Schuljahr häufen sich sowohl bezüglich des Verständnisses als auch bezüglich der Automatisierung die Unsicherheiten. Es hat sich als sinnvoll erwiesen, zuerst das Verständnis für die Verdopplungsaufgaben und deren Automatisierung zu thematisieren und anschließend zum Halbieren zu arbeiten. Die Kinder, die das Verdoppeln beherrschen, lernen in Ableitung von den Verdopplungsaufgaben auch die Halbierungsaufgaben schnell auswendig („Die Hälfte von 12 ist 6, denn das Doppelte von 6 ist 12.“).

Literaturhinweise:

- *Bürkner/Grunst 1999, Material 3.5.2k*
- *Radatz/Schipper/Dröge/Ebeling 1996, S. 83/84, 100–102*
- *Wittmann/Müller 1994, S. 77*

Halbieren

Zahl											
die Hälfte											

Zahl	4	6	12	2	14	0	16	10	18	20	8
die Hälfte											

Zahl	2	20	8	0	4	6	14	18	16	10	12
die Hälfte											

Zahl	8	10	16	12	6	18	0	14	2	4	20
die Hälfte											

Zahl	18	4	0	8	12	10	2	14	16	20	6
die Hälfte											

Zahl	6	16	4	14	10	20	0	2	12	8	18
die Hälfte											

Aufgabenfamilien

Was?

Die Aufgabenfamilien enthalten drei Zahlen, die operativ vernetzt sind und mit denen man vier zusammenhängende Aufgaben bilden kann: zwei Additions- und zwei Subtraktionsaufgaben. Bei den Additionsaufgaben handelt es sich um die Tauschaufgaben. Hier werden die beiden Summanden vertauscht (z.B. 4 + 2 = 6 und 2 + 4 = 6); bei den Subtraktionsaufgaben werden die entsprechenden Umkehraufgaben gebildet, d.h., die inverse Operation wird angewendet (hier: 6 – 2 = 4 und 6 – 4 = 2). Zu jeder Plusaufgabe a + b = c bzw. b + a = c gibt es als Umkehrungen zwei Minusaufgaben c – b = a und c – a = b.
Addition und Subtraktion werden hierbei zueinander in Beziehung gesetzt; die Subtraktion ist die Umkehrung der Addition. Subtraktionsaufgaben lassen sich aus Additonsaufgaben erschließen.
Wenn ich weiß, dass 4 + 2 = 6 ist, dann weiß ich auch, wie viel ich von 2 bis 6 ergänzen muss. Ich weiß also den Unterschied zwischen 2 und 6, ich kenne die Differenz 6 – 2.
Durch Ableiten werden numerische Netzwerke aufgebaut.

Warum?

Zur besseren Festigung der Addition und Subtraktion empfiehlt es sich, Additions- und Subtraktionsaufgaben nicht isoliert, sondern in Form von Aufgabennetzen zu behandeln.
Durch das Entwickeln und Einüben der Aufgabenfamilien werden das „Kleine Einspluseins" und das „Kleine Einsminuseins" gefestigt.
Für das Bilden der Subtraktionsaufgaben benutzt das Kind sein Vorwissen (die auswendig gelernten Additionsaufgaben im Zahlenraum bis 10) und vertieft dieses somit. Die noch nicht auswendig gewussten Subtraktionsaufgaben werden aus bereits bekannten Fakten, den Additionsaufgaben, abgeleitet. Hierdurch wird ein Netz von Beziehungen geknüpft, Fakten werden vernetzt, und die Sätze des Einspluseins und Einsminuseins werden automatisiert. Tauschaufgaben und Umkehraufgaben sind Grundaufgaben operativer Übungen und fordern und fördern ein bewegliches Umgehen mit Zahlen und Rechenoperationen.
Bei der Erarbeitung der Aufgabenfamilien werden innere Vorstellungsbilder aufgebaut; das Wissen wird strukturiert, vernetzt und leicht abrufbar im Langzeitgedächtnis verankert.
Ableitungsverfahren machen Beziehungen zwischen Zahlensätzen bewusst und verbessern so die Fähigkeit, Fakten zu erinnern. Sie reduzieren zugleich den Lernstoff durch Bündelung von Informationen. So wird die Anzahl der zu lernenden Aufgaben auf eine überschaubare Anzahl von „Aufgabenfamilien" reduziert.
Auswendigwissen ist eine sehr schnelle Strategie für das Lösen von Subtraktionsaufgaben.
Das Automatisieren der Einspluseins-Aufgaben und Einsminuseins-Aufgaben im Zahlenraum bis 10 dient als Hilfe beim Ablösen vom zählenden Rechnen. Wenn das Kind Vorstellungsbilder der Zerlegungen entwickelt hat, so verfügt es auch über Vorstellungsbilder zu Rechenausdrücken wie 2 + 4 oder 4 + 2, 6 – 2 oder 6 – 4. Es ist nicht mehr auf zählendes Rechnen angewiesen.
(vgl. Ganser 2004, S. 174)

Aufgabenfamilien – Übung 1

Material: Muggelsteine in zwei unterschiedlichen Farben, Heftvorlagen „Aufgabenfamilien" → Aufgabenfamilien, KV 44, 45, S. 63/64

Die folgende Übung dient dem grundlegenden Verständnis von Aufgabenfamilien.
Die Tauschaufgaben wurden im Zusammenhang mit den Zerlegungen bereits erarbeitet (siehe Förderschwerpunkt „Zerlegungen", S. 39) und können an dieser Stelle wiederholt werden.

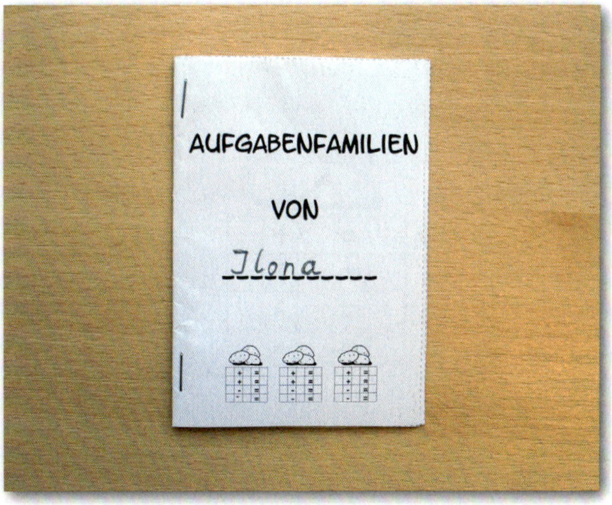

Legen Sie die Muggelsteine entsprechend dem Term (hier: 4 + 2) in eine Reihe vor das Kind. Verwenden Sie für die beiden Summanden unterschiedliche Farben. Das Kind benennt die dazugehörige Additionsaufgabe und trägt diese in die Vorlage ein. Dabei schreibt es die beiden Summanden entsprechend der Farben auf. Danach legt das Kind die Tauschaufgabe, indem es die entsprechenden Muggelsteine tauscht. Es schreibt die dazugehörige Additionsaufgabe in den richtigen Farben auf. Die drei benutzten Zahlen (hier: 2, 4, 6) werden in die „Steine" auf der Vorlage notiert. Ausgehend von dem mit Muggelsteinen gelegten Term 4 + 2, wird nun der zweite Summand weggenommen. Das Kind benennt die Subtraktionsaufgabe (hier: 6 – 2 = 4) und schreibt diese auf. Entsprechend wird zu dem gelegten Term 2 + 4 der Summand 4 weggenommen, die Subtraktionsaufgabe benannt und aufgeschrieben (hier: 6 – 4 = 2). Im Anschluss kann das Kind weitere Aufgabenfamilien legen und in die Vorlagen eintragen. Mehrere ausgefüllte Vorlagen können zu einem Heft zusammengetackert werden.

Die folgenden Übungen dienen der Automatisierung von Aufgabenfamilien (ohne Anschauung).

Aufgabenfamilien – Übung 2

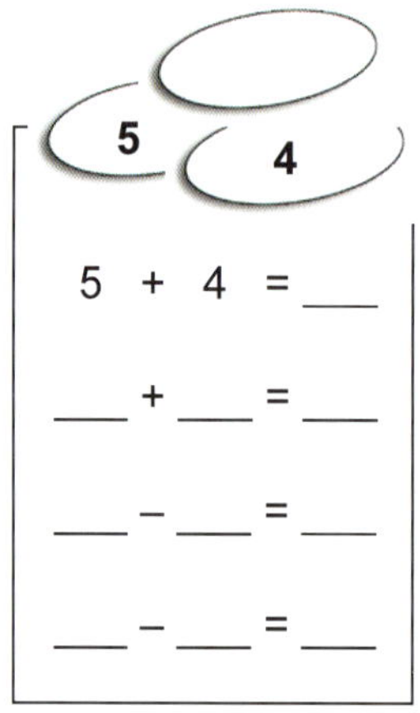

Material: Arbeitsblatt „Aufgabenfamilien"
→ Aufgabenfamilien, KV 46, S. 65

Lassen Sie das Kind zu vorgegebenen Zahlen Aufgabenfamilien aufschreiben. Dem Kind sollte bewusst sein, dass bei den Subtraktionsaufgaben die größte Zahl vorne steht. Ein Rückgriff auf Material ist natürlich jederzeit möglich.
Nach ein paar Aufgaben mit vorgegebenen Zahlen kann das Kind auf dem Arbeitsblatt eigene Aufgaben erfinden.

Aufgabenfamilien – Übung 3

Führen Sie mit dem Kind Kopfrechenübungen zu Aufgabenfamilien durch.
Geben Sie die beiden Summanden einer Plusaufgabe im Zahlenraum bis 10 vor.
Das Kind benennt die entsprechenden vier Aufgaben.

Erfahrungswerte:
Subtraktionsaufgaben fallen den meisten rechenschwachen Kindern schwer. Es gibt Kinder vom 2. bis 4. Schuljahr, die die Subtraktion im Zahlenraum bis 10 noch nicht automatisiert haben und sich die Ergebnisse zählend errechnen. Aufbauend auf die automatisierten Zerlegungsaufgaben, die ja die jeweiligen Tauschaufgaben enthalten, werden die Subtraktionsaufgaben als inverse Operation entwickelt (s.o.).
Die Kinder erkennen sehr schnell die Zusammenhänge. Nach der Einführung der Aufgabenfamilien fällt es den Kindern leicht, weitere Aufgabenquartette zu finden und aufzuschreiben. Hierbei werden die Zerlegungsaufgaben noch einmal gefestigt, die Beziehung der drei Zahlen (zwei Summanden und Summe) zueinander deutlich gemacht und für die Subtraktionsaufgaben herangezogen. Nach einiger Übung, die immer wieder in Abständen erfolgen sollte, gelingt es den Kindern zunehmend, die Subtraktionsaufgaben im Zahlenraum bis 10 auswendig zu lernen.

Bemerkung

Auch wenn die Zusammenhänge innerhalb der Aufgabenfamilien verstanden sind und die Kinder die Aufgaben der Aufgabenfamilien im Zusammenhang auswendig nennen können, so gibt es immer wieder Kinder, die sich verschiedene Subtraktionsaufgaben im Zahlenraum bis 10 neu errechnen müssen. Hierbei wenden sie dann gerne die Zählstrategie des Rückwärtszählens mit Hilfe der Finger an. Die Finger werden dabei einzeln weg- oder hochgeklappt. Diese **dynamische Nutzung der Finger** verstärkt das zählende Rechnen und sollte vermieden werden.

Um dem zählenden Rechnen entgegenzuwirken, lernen die Kinder die **statische Nutzung der Finger** (vgl. Gaidoschik 2007, S. 48-60; Kaufmann/Wessolowski 2006, S. 32/33; Lorenz/Radatz 1993, S. 181; Lorenz/Schipper 2007, S. 110-112; Scherer 1999, S. 49).

Unsere 10 Finger bilden sowohl günstig „die Kraft der 5“ als auch „die Kraft der 10“ ab. Die Kinder üben zunächst die Fingerdarstellungen aller Zahlen bis 10, indem sie die Zahlen, ohne abzuzählen, mit ihren Fingern zeigen.

Die Zahlen von 1 bis 10 können folgendermaßen dargestellt werden:
(s.a. Fotos Fingerdarstellung → Aufgabenfamilien, KV 47–57)

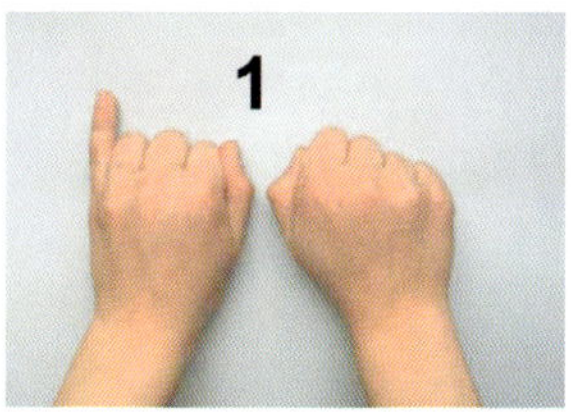

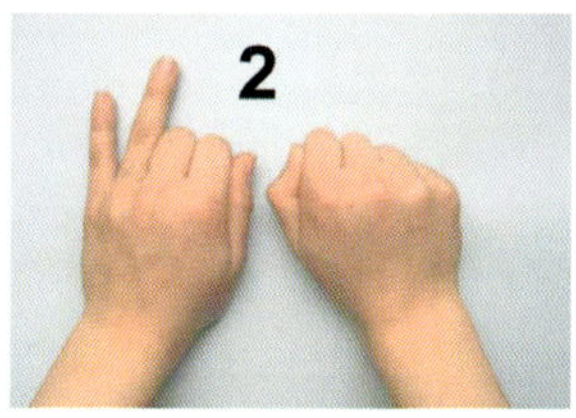

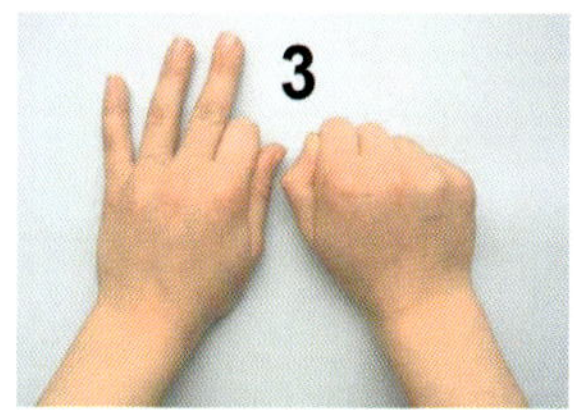

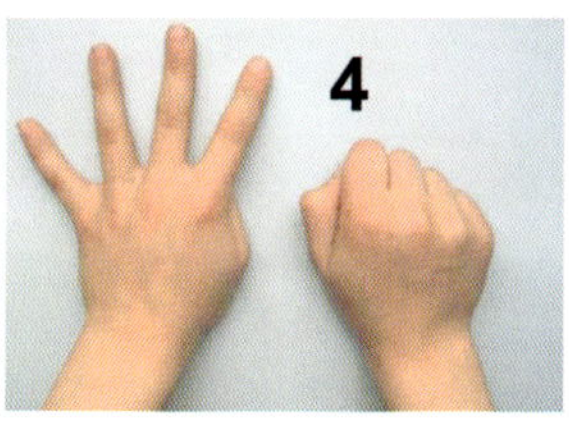

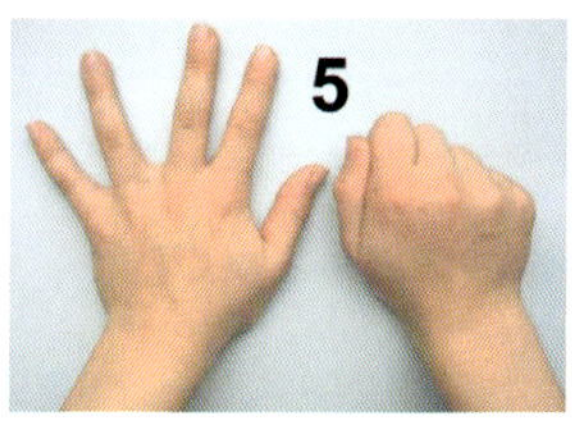

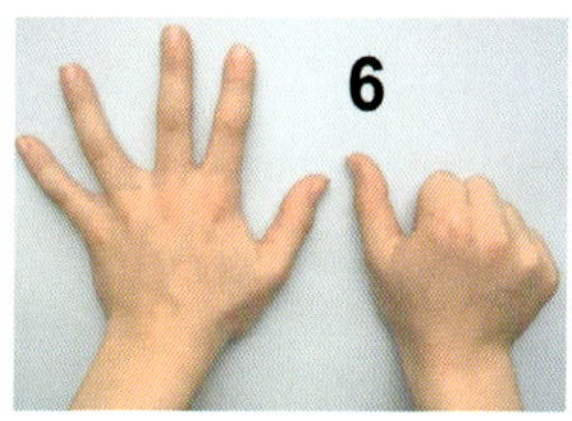

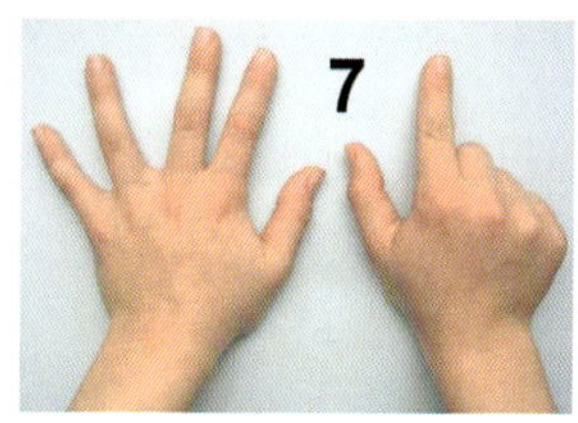

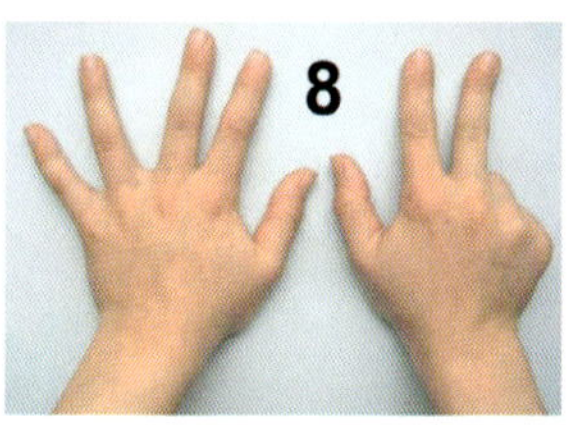

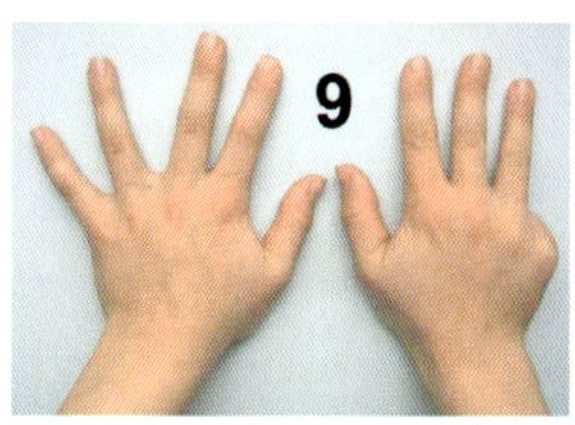

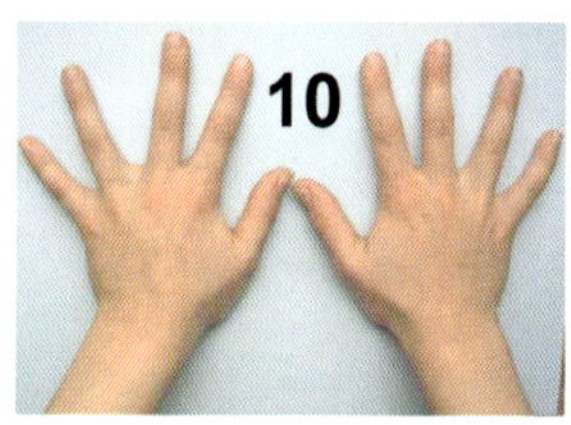

Bei der Subtraktion wird nun zunächst der Minuend mit Hilfe der Finger „in einem Zug“ dargestellt. Anschließend wird der Subtrahend möglichst „in einem Zug“ weggeklappt. Auch wenn Finger zunächst einzeln und nicht „in einem Zug“ weggeklappt werden, ist dies als Übergangsphase sinnvoll, da auch auf diese Art das Rückwärtszählen vermieden wird.

Bei der Aufgabe 8 – 4 = 4 stellt man beispielsweise zunächst die 8 dar. Danach klappt man möglichst in einem Zug 4 Finger zurück. Es bleiben 4 Finger übrig.

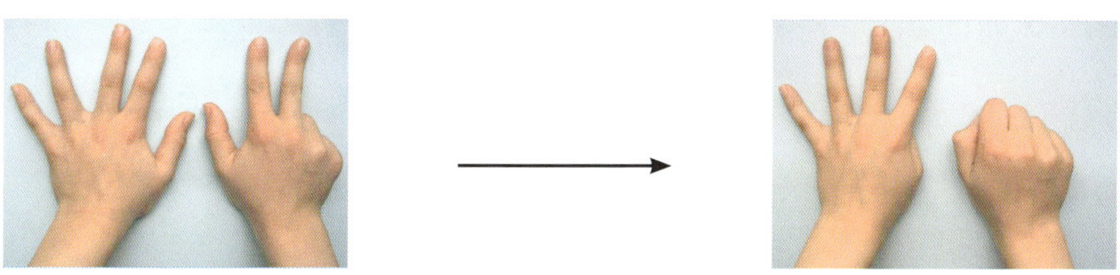

Auch nicht automatisierte Additionsaufgaben im Zahlenraum bis 10 lassen sich mit Hilfe der statischen Nutzung der Finger darstellen. Zunächst wird der erste Summand mit Hilfe des eingeübten Fingerbildes dargestellt. Anschließend wird der zweite Summand möglichst in einem Zug hochgeklappt. Es sollte darauf geachtet werden, dass sich bei der Addition die Finger des zweiten Summanden direkt, ohne Auslassen eines Fingers, an die Finger des ersten Summanden anschließen.

Z.B. wird bei der Aufgabe 6 + 3 = 9 zunächst das Fingerbild zur 6 dargestellt. Anschließend werden 3 Finger möglichst in einem Zug hochgeklappt. Die 3 Finger schließen sich direkt an die 6 Finger an.

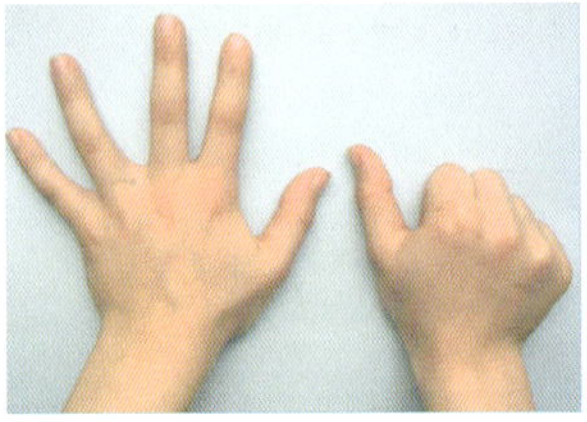

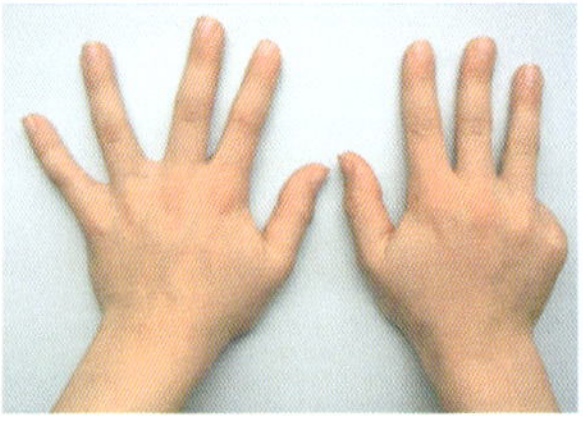

Die Finger unterstützen die Gedächtnisleistung durch den taktilen Faktor, die vertrauten Fingerbilder werden produktiv genutzt.
„Das statische Bild (im Unterschied zur dynamischen Zählprozedur) regt zur Einsicht ‚auf einen Blick' an, zur Einsicht erzeugenden Betrachtung, zum *Handeln in der Vorstellung.*" (Ganser 2004, S. 169)

Literaturhinweise:

- *Gaidoschik 2007, S. 48–60*
- *Ganser 2004, S. 165–168*
- *Ganser/Schindler/Schüller 2006, S. 46*
- *Padberg 1992, S. 104/105*
- *Radatz/Schipper/Dröge/Ebeling 1996, S. 83–86*
- *Wittmann/Müller 2004, S. 127*

Aufgabenfamilien

von

____

___ + ___ = ___

___ + ___ = ___

___ − ___ = ___

___ − ___ = ___

___ + ___ = ___

___ + ___ = ___

___ − ___ = ___

___ − ___ = ___

___ + ___ = ___

___ + ___ = ___

___ − ___ = ___

___ − ___ = ___

ISBN 978-3-8346-2255-6 | www.verlagruhr.de

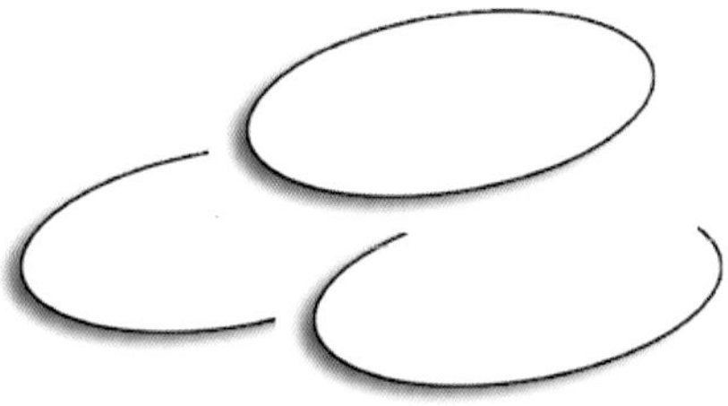

___ + ___ = ___

___ + ___ = ___

___ – ___ = ___

___ – ___ = ___

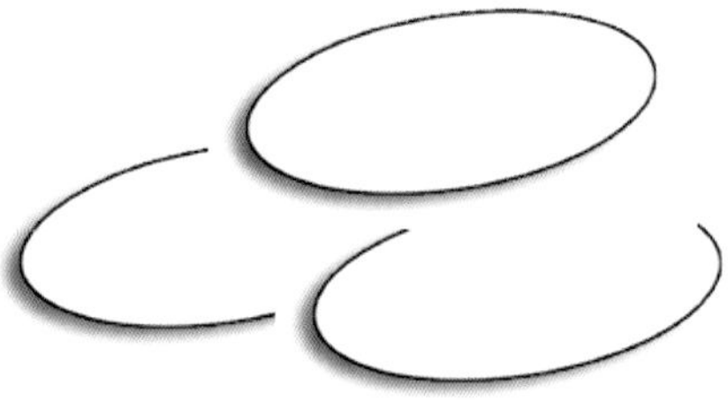

___ + ___ = ___

___ + ___ = ___

___ – ___ = ___

___ – ___ = ___

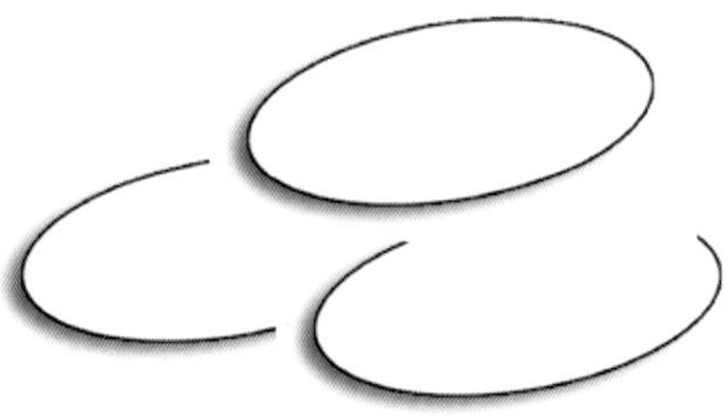

___ + ___ = ___

___ + ___ = ___

___ – ___ = ___

___ – ___ = ___

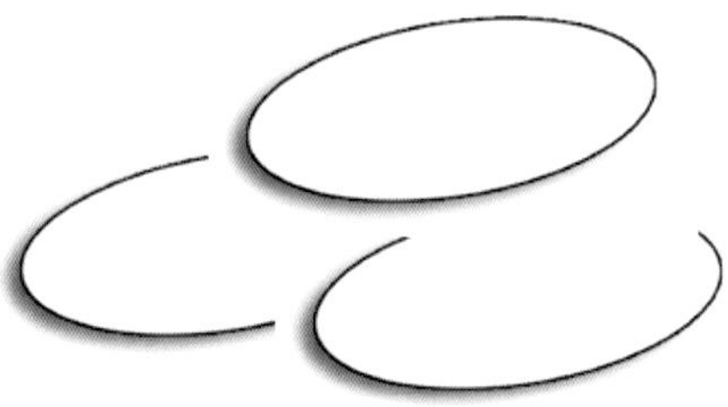

___ + ___ = ___

___ + ___ = ___

___ – ___ = ___

___ – ___ = ___

Verlag an der Ruhr | Claudia Herdemeier |
ISBN 978-3-8346-2255-6 | www.verlagruhr.de

Aufgabenfamilien

3, 5, 8

5 + 3 = ___

3 + 5 = ___

8 – 3 = ___

8 – 5 = ___

4, 6, 2

4 + 2 = ___

2 + 4 = ___

6 – 2 = ___

6 – 4 = ___

6, 3

6 + 3 = ___

___ + ___ = ___

___ – ___ = ___

___ – ___ = ___

5, 4

5 + 4 = ___

___ + ___ = ___

___ – ___ = ___

___ – ___ = ___

6, 10, 4

___ + ___ = ___

___ + ___ = ___

___ – ___ = ___

___ – ___ = ___

7, 2

___ + ___ = ___

___ + ___ = ___

___ – ___ = ___

___ – ___ = ___

1, 8, 7

___ + ___ = ___

___ + ___ = ___

___ – ___ = ___

___ – ___ = ___

7, 3, 4

___ + ___ = ___

___ + ___ = ___

___ – ___ = ___

___ – ___ = ___

___ + ___ = ___

___ + ___ = ___

___ – ___ = ___

___ – ___ = ___

___ + ___ = ___

___ + ___ = ___

___ – ___ = ___

___ – ___ = ___

___ + ___ = ___

___ + ___ = ___

___ – ___ = ___

___ – ___ = ___

___ + ___ = ___

___ + ___ = ___

___ – ___ = ___

___ – ___ = ___

Verlag an der Ruhr | Claudia Herdemeier |
ISBN 978-3-8346-2255-6 | www.verlagruhr.de

Analogieaufgaben im Zahlenraum bis 20

Was?

Die Additions- und Subtraktionsaufgaben im Zahlenraum bis 10 lassen sich analog auf den zweiten Zehner übertragen. Die Aufgaben unterscheiden sich durch einen vollen Zehner. Bei der systematischen Erweiterung der Rechenfähigkeiten auf den Zahlenraum bis 20 bildet das Nutzen von dekadischen Analogien eine wichtige Grundlage. Den Kindern sollte bewusst werden, dass man bei Aufgaben wie 15 + 3 = 18 (oder 25 + 3 = 28, 75 + 3 = 78 ...) nicht neu zu rechnen braucht, wenn man die Grundaufgabe 5 + 3 = 8 beherrscht und auswendig kann.

Warum?

Durch das Vermitteln von Einsicht in dekadische Analogien wird erreicht, dass schwerere Aufgaben im zweiten Zehner durch leichte Aufgaben im ersten Zehner erschlossen werden.
Die Aufgaben im zweiten Zehner werden von den bereits automatisierten Grundaufgaben im Zahlenraum bis 10 abgeleitet, sodass ein Netz von Beziehungen geknüpft wird und Fakten miteinander vernetzt werden. Dies stellt eine unverzichtbare Stufe auf dem Weg zum Auswendigwissen dar.
Das Auswendigwissen der Additions- und Subtraktionsaufgaben im zweiten Zehner hilft den Kindern, sich vom zählenden Rechnen zu lösen. Sie rechnen, „ohne zu rechnen".

Die folgende Übung dient dem grundlegenden Verständnis von Analogieaufgaben mit Anschauungsmaterial.

Analogieaufgaben ZR 20 – Übung 1

Material: Zehnerstange, Einerwürfel (in zwei unterschiedlichen Farben), Stift, zwei Buntstifte, Kästchenpapier

Ordnen Sie den Term, z.B. 6 + 3, mit den Einerwürfeln so auf dem Tisch an, dass zwischen beiden Summanden eine Lücke bleibt. Da das Kind auf die Grundaufgaben im Zahlenraum bis 10 zurückgreifen kann, weiß es, dass 6 + 3 = 9 ist. Für die analoge Aufgabe im zweiten Zehner fügen Sie eine Zehnerstange in einer anderen Farbe dem ersten Summanden hinzu.

	6	+	3	=		9
1	6	+	3	=	1	9

Nun ergibt sich, durch die Farbgebung unterstützt, die analoge Additionsaufgabe im zweiten Zehner, hier: 16 + 3 = 19. Zur Vertiefung der dekadischen Analogie schreibt das Kind die beiden Aufgaben untereinander stellengerecht auf und berücksichtigt dabei die Farbgebung.
Die Subtraktionsaufgaben lassen sich analog veranschaulichen und aufschreiben.

Die nächsten Übungen dienen der Automatisierung von Analogieaufgaben ohne Anschauungsmaterial.

Analogieaufgaben ZR 20 – Übung 2

Material: zwei Buntstifte, Arbeitsblätter „Analogieaufgaben bis 20"
→ Analogieaufgaben im ZR bis 20, KV 58–60, S. 69–71

Üben Sie mit Hilfe der Arbeitsblätter die dekadischen Analogien. Ausgehend von der jeweiligen Grundaufgabe im Zahlenraum bis 10 wird die analoge Aufgabe im zweiten Zehner „ohne zu rechnen" ermittelt. Zur Unterstützung der dekadischen Analogie können die Ziffern entsprechend gefärbt werden. Ein Rückgriff auf die Zehnerstangen und die Einerwürfel ist jederzeit möglich.

	1	+	6	=		
1	1	+	6	=		

	9	-	2	=		
1	9	-	2	=		

	4	+	5	=		
1	4	+	5	=		

	7	-	6	=		
1	7	-	6	=		

Analogieaufgaben ZR 20 – Übung 3

Führen Sie bei Erfolg der vorherigen Übungen nun verschiedene Kopfrechenübungen mit dem Kind durch:

- Das Kind rechnet eine Grundaufgabe im Zahlenraum bis 10, anschließend die analoge Aufgabe im zweiten Zehner.

Sie: „5 + 4"; Kind: „5 + 4 = 9, 15 + 4 = 19"

- Das Kind rechnet eine Aufgabe im zweiten Zehner und nutzt dabei die automatisierte Grundaufgabe im ersten Zehner.

Sie: „13 + 3"; Kind: „13 + 3 = 16, denn 3 + 3 = 6"

- Das Kind nennt selbstständig eine Grundaufgabe im ersten Zehner und die analoge Aufgabe im zweiten Zehner.

Kind: „6 + 2 = 8, 16 + 2 = 18"

Hinweis

Bei Aufgaben im zweiten Zehner (wie z.B. 19 – 3 = 16) sollte im Gespräch mit dem Kind deutlich werden, dass es vorteilhaft ist, beim Rechnen Beziehungen zu nutzen. Bei diesem Beispiel bietet sich die Rückführung auf die Grundaufgabe 9 – 3 = 6 an. Vor dem Rechnen der Aufgabe im zweiten Zehner sollte eine kurze „Bedenkpause" mit der Überlegung stehen, wie man die Aufgabe günstig rechnen kann.

Erfahrungswerte:

Die meisten Kinder aus dem 2. bis 4. Schuljahr nutzen die Analogie nicht und fangen bei Additions- und Subtraktionsaufgaben im zweiten Zehner ohne Zehnerüberschreitung immer wieder neu an, zu rechnen. Mit Hilfe der Übungen (s.o.) erlangen die Kinder sehr schnell Einsicht in die analogen Strukturen und können die Aufgaben sicher und automatisiert, „ohne zu rechnen", lösen. Die Übertragung auf den Hunderterraum (siehe Förderschwerpunkt „Analogieaufgaben im Zahlenraum bis 100", S. 93) bereitet damit auch keine Probleme mehr. Vielmehr wird der analoge Aufbau der Operationen nur noch klarer herausgestellt und von den Kindern ohne Probleme verinnerlicht.

Literaturhinweise

- *Bürkner/Grunst 1999, Material 3.5.2i*
- *Ganser/Schindler/Schüller 2006, S. 42*
- *Padberg 1992, S. 103*
- *Radatz/Schipper/Dröge/Ebeling 1996, S. 100*
- *Wittmann/Müller 2004, S. 109, 120, 122*

Aufgabenpärchen – Addition

	5	+	3	=		8
1	5	+	3	=		

	6	+	2	=		
1	6	+	2	=		

	8	+	2	=		
1	8	+	2	=		

	2	+	4	=		
1	2	+	4	=		

	8	+	1	=		
1	8	+	1	=		

	4	+	3	=		
1	4	+	3	=		

	4	+	5	=		
1	4	+	5	=		

	2	+	7	=		
1	2	+	7	=		

	2	+	6	=		
1	2	+	6	=		

	4	+	2	=		
		+		=		

	6	+	0	=		
		+		=		

	6	+	2	=		
		+		=		

	1	+	5	=		
		+		=		

	2	+	6	=		
		+		=		

	3	+	4	=		
		+		=		

	6	+	3	=		
		+		=		

	3	+	2	=		
		+		=		

	1	+	6	=		
		+		=		

		+		=		
		+		=		

		+		=		
		+		=		

		+		=		
		+		=		

		+		=		
		+		=		

		+		=		
		+		=		

		+		=		
		+		=		

		+		=		
		+		=		

		+		=		
		+		=		

		+		=		
		+		=		

Verlag an der Ruhr | Claudia Herdemeier |
ISBN 978-3-8346-2255-6 | www.verlagruhr.de

Aufgabenpärchen – Subtraktion

	5	–	3	=		2
1	5	–	3	=		

	4	–	3	=		
1	4	–	3	=		

	9	–	4	=		
1	9	–	4	=		

	8	–	4	=		
1	8	–	4	=		

	6	–	1	=		
1	6	–	1	=		

	8	–	6	=		
1	8	–	6	=		

	9	–	2	=		
1	9	–	2	=		

	8	–	5	=		
1	8	–	5	=		

1	0	–	3	=		
2	0	–	3	=		

	9	–	6	=		
		–		=		

	6	–	4	=		
		–		=		

	4	–	3	=		
		–		=		

	5	–	3	=		
		–		=		

	8	–	2	=		
		–		=		

	7	–	7	=		
		–		=		

	8	–	4	=		
		–		=		

1	0	–	5	=		
		–		=		

1	0	–	4	=		
		–		=		

		–		=		
		–		=		

		–		=		
		–		=		

		–		=		
		–		=		

		–		=		
		–		=		

		–		=		
		–		=		

		–		=		
		–		=		

		–		=		
		–		=		

		–		=		
		–		=		

		–		=		
		–		=		

Verlag an der Ruhr | Claudia Herdemeier |
ISBN 978-3-8346-2255-6 | www.verlagruhr.de

Aufgabenpärchen – gemischt

1	6	+	2	=		
	6	+	2	=		

1	4	+	3	=		
		+		=		

1	7	+	2	=		
		+		=		

1	1	+	5	=		
	1	+	5	=		

1	7	+	1	=		
		+		=		

1	1	+	8	=		
		+		=		

1	3	+	6	=		
	3	+	6	=		

1	5	+	4	=		
		+		=		

1	2	+	6	=		
		+		=		

1	4	–	2	=		
	4	–	2	=		

1	8	–	7	=		
		–		=		

1	5	–	4	=		
		–		=		

1	6	–	5	=		
	6	–	5	=		

1	6	–	4	=		
		–		=		

1	7	–	6	=		
		–		=		

1	5	–	3	=		
	5	–	3	=		

1	3	–	2	=		
		–		=		

1	9	–	7	=		
		–		=		

1	3	+	2	=		
		+		=		

1	4	+	6	=		
		+		=		

1	1	+	8	=		
		+		=		

1	8	–	3	=		
		–		=		

1	8	–	6	=		
		–		=		

1	8	–	5	=		
		–		=		

1	2	+	7	=		
		+		=		

1	3	+	4	=		
		+		=		

1	4	+	4	=		
		+		=		

Verlag an der Ruhr | Claudia Herdemeier |
ISBN 978-3-8346-2255-6 | www.verlagruhr.de

Zehnerüberschreitung im Zahlenraum bis 20

Was?

Beim Zehnerübergang kommen Rechenoperationen zum Tragen, bei denen der Zehner überschritten wird.
Es gibt verschiedene operative Strategien, die Zehnerüberschreitung zu bewältigen: mit Hilfe des Zerlegens (klassischer Zehnerübergang), des Verdoppelns bzw. des Halbierens und des gegen- bzw. gleichsinnigen Veränderns.
(vgl. Ganser 2004, S. 195/196)

Die Zerlegungsstrategie setzt ganz bestimmte Kenntnisse und Fähigkeiten voraus.

Für die Addition der Aufgabe 7 + 4 = 11 und deren Abwandlung in 7 + 3 + 1 = 11
müssen die Kinder beherrschen:

- das Zerlegen aller Zahlen bis 10 (4 = 3 + 1),
- die Addition/das Ergänzen zum Zehner (7 + ? = 10),
- die Addition vom Zehner aus (10 + 1 = 11).

Für die Subtraktion als 14 – 6 = 8 und deren Abwandlung in 14 – 4 – 2 = 8
muss vorausgesetzt werden:

- die Subtraktion zum Zehner (14 – ? = 10),
- das Zerlegen aller Zahlen bis 10 (6 = 4 + ?),
- die Subtraktion vom Zehner aus (10 – 2 = ?).

(vgl. Radatz/Schipper/Dröge/Ebeling 1996, S. 102/103)

Warum?

Rechenschwache Kinder, die das Zählen für die Bewältigung des Zehnerübergangs verfestigt haben, sollten sich durch die Förderung vom zählenden Rechnen lösen und als Ersatz mindestens eine operative Strategie für den Zehnerübergang einüben. Hier empfiehlt es sich, den Schwerpunkt auf den klassischen Zehnerübergang zu setzen, *„denn nur dieses schrittweise Rechnen ist in dem Sinne ein universelles Verfahren, mit dem alle Aufgaben zur Zehnerüberschreitung gelöst werden können.“*
(Ganser 2004, S. 196)

Zehnerüberschreitung ZR 20 – Übung 1

Material: Rechenrahmen bis 20 (mit Fünfer- und Zehnerstruktur)

Diese Übung dient dem grundlegenden Verständnis der Addition mit Zehnerübergang. Zu diesem Verständnis trägt in erheblichem Maße der strukturierte Rechenrahmen bei, der für rechenschwache Kinder ein geeignetes Arbeitsmittel ist.

Der Umgang mit dem Rechenrahmen muss im Vorfeld eingeübt werden. Als Konvention gilt, dass bei der Startposition alle Kugeln auf der rechten Seite liegen. Die Zahl 0 ist eingestellt, wenn alle Kugeln rechts am Anschlag liegen.

Als Vorübung lassen Sie das Kind verschiedene Zahlen auf dem Rechenrahmen unter Ausnutzung der „Kraft der 5" und der „Kraft der 10" in möglichst wenigen „Zügen" schieben. Z.B. soll das Kind bei der Zahl 7 nicht sieben einzelne Kugeln abzählen, sondern unter Ausnutzung der „Kraft der 5" direkt in einem Zug die sieben Kugeln als Einheit (5 + 2) nach links schieben. Voraussetzung ist, dass das Kind die Zerlegungen automatisiert hat und so weiß, dass 7 = 5 + 2 ist. (vgl. Ganser 2004, S.194/195)

Im Folgenden ist der Verlauf der Übung anhand der Additionsaufgabe 6 + 7 = 13 beschrieben.

1. Nach Einstellen der Startposition (s.o.) schiebt das Kind auf dem Rechenrahmen zunächst den ersten Summanden unter Ausnutzung der „Kraft der 5" mit einem Fingerstreich nach links.

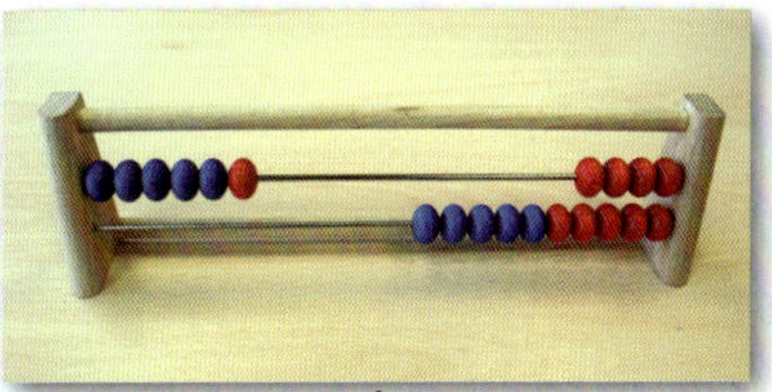

2. Danach wird die obere Zehnerstange aufgefüllt, indem die vier restlichen Kugeln in einem Schub zu den sechs Kugeln geschoben werden.

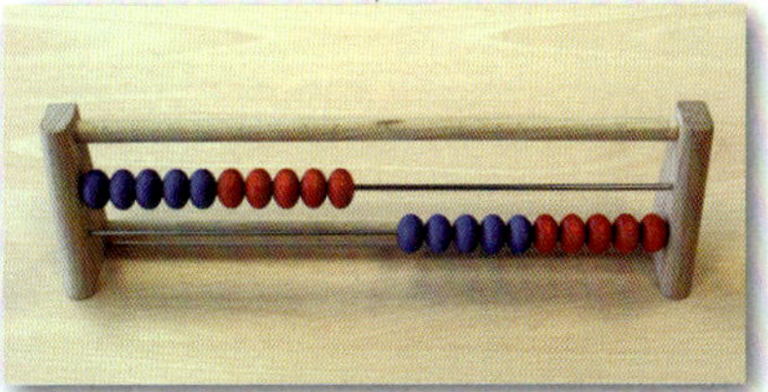

3. Als letzter Schritt werden die restlichen Kugeln auf der nächsten Stange einbezogen. Drei Kugeln der zweiten Stange werden nach links geschoben. Nun ist das Ergebnis, die Zahl 13, dargestellt.

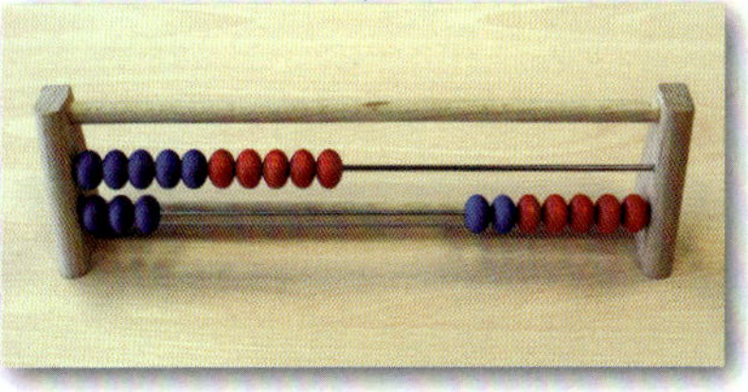

Bei dieser Übung werden 3 Schritte (6, + 4, + 3) nacheinander ausgeführt. Das Kind sollte die Übung sprachlich begleiten, z.B. *„Ich schiebe zuerst die 6. Dann fülle ich auf 10 auf. Zum Schluss schiebe ich die restlichen 3."*
Oder kürzer: *„6 + 4 = 10, 10 + 3 = 13".*
Oder noch kürzer: *„6, 10, 13".*

Zehnerüberschreitung ZR 20 – Übung 2

Material: Rechenrahmen bis 20 (mit Fünfer- und Zehnerstruktur)

Diese Übung dient dem Verinnerlichen des Zehnerübergangs bei der Addition durch die stufenweise Ablösung vom Arbeitsmittel (dem Rechenrahmen).
Ziel der Übung ist es, dass es den Kindern gelingt, den schrittweisen Zehnerübergang ohne den Rechenrahmen in der Vorstellung auszuführen. Zum Aufbau mentaler Vorstellungsbilder benötigen die Kinder eine behutsame Ablösung von den konkreten Handlungen mit Material. Als Methode werden hier **verkürzte Handlungen** eingesetzt. Im Folgenden ist der Verlauf der Übung anhand der Additionsaufgabe 6 + 8 = 14 beschrieben.

1. Nach Einstellen der Startposition führt das Kind nur die ersten beiden Schritte am Rechenrahmen aus (6, + 4) und stellt sich den dritten Schritt ohne Handlung am Material vor. Das Kind soll den letzten Schritt „nur in Gedanken" sehen. Die drei Schritte sollten aber sprachlich begleitet werden.

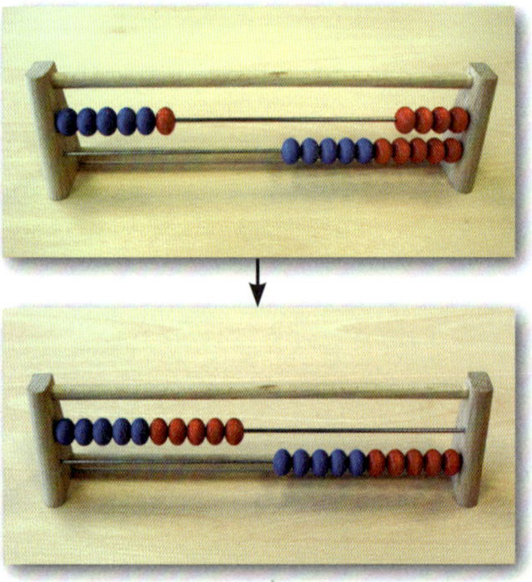

2. Als weitere Verkürzung der Handlung schiebt das Kind lediglich den ersten Summanden nach links und führt die restlichen beiden Schritte „in Gedanken" durch. Auch hier soll das Kind die vorgestellten Schritte versprachlichen.

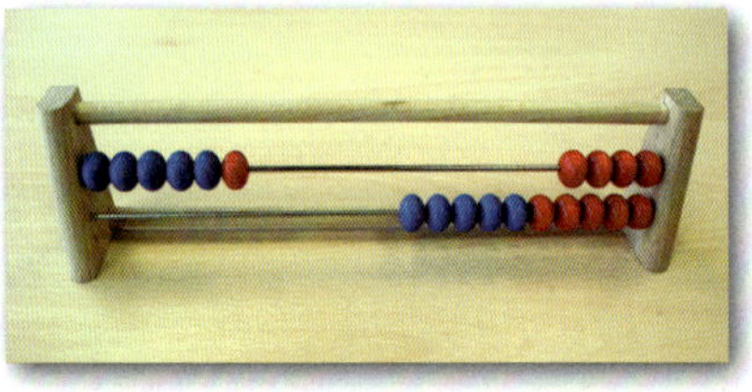

3. Als nächste Stufe steht der Rechenrahmen nur noch in der Startposition auf dem Tisch. Das Kind beschreibt die drei Schritte ohne eine Handlung am Rechenrahmen. Hierbei darf es aber noch den Rechenrahmen betrachten.

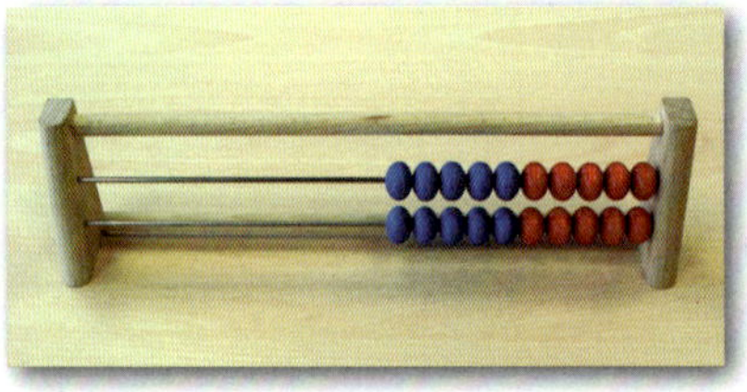

4. Die letzte Stufe des Verinnerlichungsprozesses ist die Beschreibung der drei Schritte ohne Anschauung. Stellen Sie den Rechenrahmen weg, sodass das Kind diesen nicht mehr sehen kann.

Das Kind darf während der Übungen bei Unsicherheiten jederzeit auf den Rechenrahmen zurückgreifen und die gewünschten Rechenschritte konkret durchführen.

Zehnerüberschreitung ZR 20 – Übung 3

Material: Arbeitsblätter „Rund um die 10" und „Über den Zehner – Addition"
→ Zehnerüberschreitung im ZR bis 20, KV 61, 62, S. 78, 79

Die folgende Übung dient dem Automatisieren des Zehnerübergangs ohne Anschauung. Das Kind übt die Zerlegungsstrategie beim Zehnerübergang ohne Arbeitsmittel ein. Bei Unsicherheiten machen Sie dem Kind transparent, dass es auf keinen Fall zählen soll, sondern jederzeit auf den Rechenrahmen zurückgreifen kann.

Hinweis:
Bevor das Kind die Subtraktion mit Zehnerübergang einübt (nächste Übung), sollte die Addition mit Zehnerübergang gefestigt sein. Die Übungen zur Subtraktion sind analog aufgebaut zu den Übungen der Addition.

Zehnerüberschreitung ZR 20 – Übung 4

Material: Rechenrahmen bis 20 (mit Fünfer- und Zehnerstruktur)

Diese Übung dient dem grundlegenden Verständnis der Subtraktion mit Zehnerübergang. Im Folgenden ist der Verlauf der Übung anhand der Subtraktionsaufgabe 13 – 5 = 8 beschrieben.

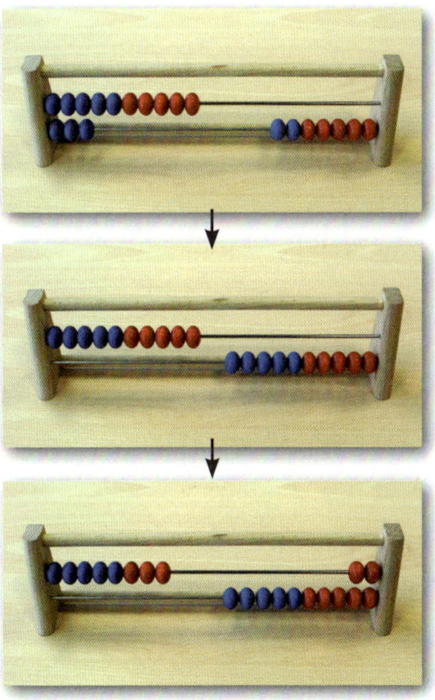

1. Nach Einstellen der Startposition schiebt das Kind den Minuenden (hier: 13) mit möglichst wenigen Zügen unter Ausnutzung der „Kraft der 10" auf dem Rechenrahmen nach links.
2. Als erste Teiloperation werden die Kugeln der unteren Stange (hier: 3) nach rechts geschoben, sodass der volle Zehner auf der oberen Stange übrig bleibt (13 – 3 = 10).
3. Als letzten Schritt schiebt das Kind die restlichen Kugeln des Subtrahenden (hier: 2) von der oberen Zehnerstange nach rechts (10 – 2 = 8). Nun ist das Ergebnis, die Zahl 8, dargestellt.

Bei dieser Übung werden drei Schritte (13, – 3, – 2) ausgeführt. Genauso wie bei der Addition sollte das Kind die Schritte sprachlich begleiten, z.B. *„Ich stelle zuerst die 13 ein, dann schiebe ich 3 Kugeln weg. Zuletzt schiebe ich vom vollen Zehner die restlichen 2 Kugeln weg."*
Oder kürzer: *„13 – 3 = 10, 10 – 2 = 8"*
Oder noch kürzer: *„13, 10, 8"*.

Zehnerüberschreitung ZR 20 – Übung 5

Material: Rechenrahmen bis 20 (mit Fünfer- und Zehnerstruktur)

Diese Übung dient dem Verinnerlichen des Zehnerübergangs bei der Subtraktion durch die stufenweise Ablösung vom Arbeitsmittel (dem Rechenrahmen). Als Methode werden auch hier verkürzte Handlungen eingesetzt.

Im Folgenden ist der Verlauf der Übung anhand der Subtraktionsaufgabe 13 – 5 = 8 beschrieben.

1. Nach Einstellen der Startposition führt das Kind lediglich die ersten beiden Schritte durch (13, – 3), der letzte Schritt wird in der Vorstellung ohne Handlung am Material ausgeführt. Das Kind soll den letzten Schritt (– 2) „nur in Gedanken“ am Rechenrahmen sehen. Die drei Schritte sollten sprachlich begleitet werden.

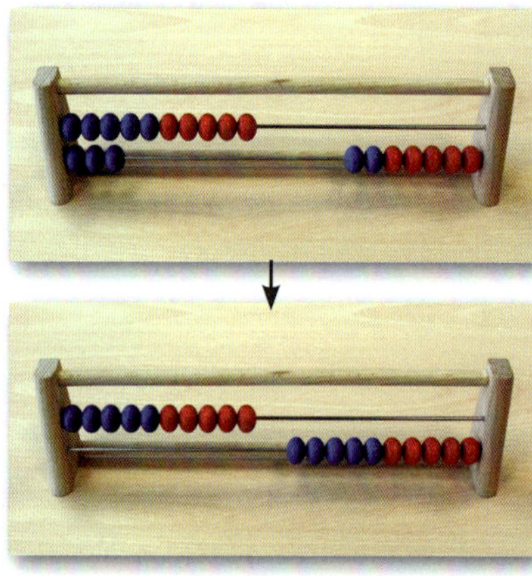

2. Als weitere Verkürzung der Handlung stellt das Kind lediglich den Minuenden (13) ein und stellt sich den zweiten und dritten Schritt vor. Das Kind soll die letzten beiden Schritte (– 3, – 2) „nur in Gedanken“ am Rechenrahmen sehen. Auch hier soll das Kind die vorgestellten Schritte versprachlichen.

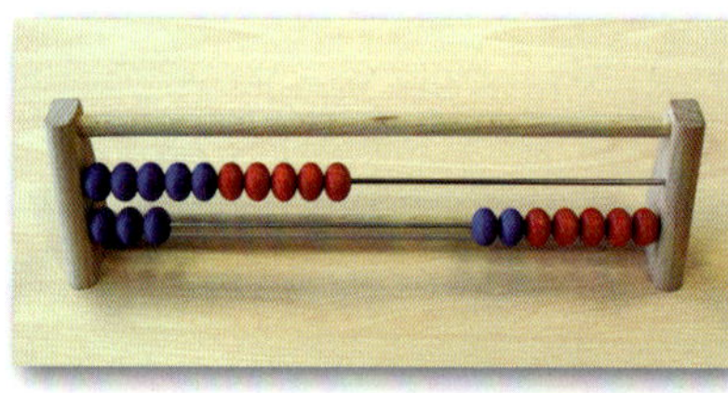

3. Bei der nächsten Stufe werden alle drei Schritte in der Vorstellung ausgeführt und sprachlich begleitet. Der Rechenrahmen steht in seiner Startposition als Hilfe vor dem Kind. Es beschreibt die drei Schritte ohne eine Handlung am Rechenrahmen.

4. Die letzte Stufe des Verinnerlichungsprozesses ist die Beschreibung der drei Schritte ohne Anschauung. Stellen Sie den Rechenrahmen weg, sodass das Kind diesen nicht mehr sehen kann. Das Kind darf aber während der Übungen bei Unsicherheiten jederzeit auf den Rechenrahmen zurückgreifen und die gewünschten Rechenschritte konkret durchführen.

Zehnerüberschreitung ZR 20 – Übung 6

Material: Arbeitsblatt „Über den Zehner – Subtraktion"
→ Zehnerüberschreitung im ZR bis 20, KV 63, S. 80

Die folgende Übung dient dem Automatisieren des Zehnerübergangs bei der Subtraktion ohne Anschauung. Das Kind übt dabei die Zerlegungsstrategie beim Zehnerübergang ohne Arbeitsmittel ein. Bei Unsicherheiten machen Sie dem Kind transparent, dass es auf keinen Fall zählen soll, sondern jederzeit auf den Rechenrahmen zurückgreifen kann.

Erfahrungswerte:
Bei der anfänglichen Diagnose des Lernstands der rechenschwachen Kinder stellte sich heraus, dass alle Kinder die Aufgaben zur Zehnerüberschreitung fast ausschließlich durch zählendes Rechnen lösten. Nachdem durch die Förderung die Zerlegungsaufgaben gesichert wurden und zum festen Wissensbestand der Kinder gehörten, stellte die Thematisierung des Zehnerübergangs mit Hilfe der Zerlegungsstrategie keine große Schwierigkeit mehr dar. Mit Hilfe des strukturierten Rechenrahmens konnten alle Kinder schnell die Handlungen am Material ausführen. Bei den verkürzten Handlungen zeigte es sich, dass die Kinder unterschiedlich lange brauchten, bis sie die Handlungen in der Vorstellung ohne Anschauung durchführen konnten. Einige Kinder mussten zwischendurch immer wieder auf das konkrete Arbeitsmittel zurückgreifen. Insgesamt war es erstaunlich, dass alle Kinder, sogar lernbehinderte, nach einigen Förderstunden die Zerlegungsstrategie beim Zehnerübergang sowohl bei der Addition als auch bei der Subtraktion beherrschten und diese in der Vorstellung ohne Arbeitsmittel ausführen konnten.
An dieser Stelle der Förderung haben die Kinder eine entscheidende Hürde zum nichtzählenden Rechnen übersprungen.
(vgl. Ganser 2004, S. 199)

Literaturhinweise:

- *Ganser 2004, S. 194–200*
- *Radatz/Schipper/Dröge/Ebeling 1996, S. 102/103*

Rund um die 10

10 + 5 = ___	10 – 4 = ___	10 + 4 = ___	10 – 2 = ___
10 + 1 = ___	10 – 1 = ___	10 – 0 = ___	10 + 9 = ___
10 + 3 = ___	10 – 9 = ___	10 + 7 = ___	10 – 7 = ___
10 + 8 = ___	10 – 3 = ___	10 – 8 = ___	10 + 8 = ___

10 + ___ = 12	10 – ___ = 7	10 – ___ = 1	10 + ___ = 14
10 + ___ = 16	10 – ___ = 9	10 + ___ = 13	10 – ___ = 8
10 + ___ = 18	10 – ___ = 5	10 – ___ = 2	10 + ___ = 20
10 + ___ = 11	10 – ___ = 3	10 + ___ = 17	10 – ___ = 6

3 + ___ = 10	5 + ___ = 10	18 – ___ = 10	11 – ___ = 10
6 + ___ = 10	9 + ___ = 10	14 – ___ = 10	13 – ___ = 10
___ + 5 = 10	___ + 7 = 10	12 – ___ = 10	19 – ___ = 10
___ + 8 = 10	___ + 10 = 10	17 – ___ = 10	15 – ___ = 10

5 + ___ = 10	1 + ___ = 10	10 + 6 = ___	12 – ___ = 10
13 – ___ = 10	18 – ___ = 10	10 – 3 = ___	10 – 2 = ___
6 + ___ = 10	2 + ___ = 10	10 + ___ = 14	10 – ___ = 2
17 – ___ = 10	11 – ___ = 10	10 – ___ = 7	18 – ___ = 10

Verlag an der Ruhr | Claudia Herdemeier |
ISBN 978-3-8346-2255-6 | www.verlagruhr.de

Über den Zehner – Addition

1.

6 + 4 + 3 = ___	3 + 7 + 6 = ___	5 + 5 + 5 = ___	2 + 8 + 9 = ___
7 + 3 + 5 = ___	4 + 6 + 3 = ___	8 + 2 + 4 = ___	4 + 6 + 1 = ___
8 + 2 + 6 = ___	1 + 9 + 5 = ___	6 + 4 + 8 = ___	8 + 2 + 8 = ___
9 + 1 + 7 = ___	2 + 8 + 6 = ___	3 + 7 + 6 = ___	9 + 1 + 5 = ___
5 + 5 + 4 = ___	7 + 3 + 9 = ___	9 + 1 + 3 = ___	5 + 5 + 2 = ___

2.

8 + 6 = ___	6 + 7 = ___	7 + 7 = ___	9 + 3 = ___
8 + 4 = ___	6 + 9 = ___	7 + 4 = ___	9 + 4 = ___
8 + 8 = ___	6 + 6 = ___	7 + 9 = ___	9 + 8 = ___
8 + 7 = ___	6 + 8 = ___	7 + 5 = ___	9 + 7 = ___
8 + 5 = ___	6 + 5 = ___	7 + 6 = ___	9 + 6 = ___

3.

5 + 7 = ___	7 + 9 = ___	5 + 8 = ___	8 + 3 = ___
9 + 5 = ___	6 + 9 = ___	6 + 6 = ___	9 + 2 = ___
8 + 9 = ___	4 + 8 = ___	7 + 9 = ___	7 + 8 = ___
4 + 7 = ___	5 + 9 = ___	8 + 8 = ___	3 + 9 = ___
2 + 9 = ___	6 + 5 = ___	9 + 6 = ___	4 + 6 = ___

Über den Zehner – Subtraktion

1.

14 – 4 – 3 = ___	17 – 7 – 6 = ___	15 – 5 – 5 = ___	18 – 8 – 9 = ___
13 – 3 – 5 = ___	16 – 6 – 3 = ___	12 – 2 – 4 = ___	16 – 6 – 1 = ___
12 – 2 – 6 = ___	19 – 9 – 5 = ___	14 – 4 – 8 = ___	19 – 9 – 8 = ___
11 – 1 – 7 = ___	18 – 8 – 6 = ___	17 – 7 – 6 = ___	11 – 1 – 5 = ___
15 – 5 – 4 = ___	13 – 3 – 9 = ___	11 – 1 – 3 = ___	15 – 5 – 2 = ___

2.

12 – 6 = ___	14 – 7 = ___	11 – 7 = ___	13 – 9 = ___
12 – 4 = ___	14 – 9 = ___	11 – 4 = ___	13 – 4 = ___
12 – 8 = ___	14 – 6 = ___	11 – 9 = ___	13 – 8 = ___
12 – 7 = ___	14 – 8 = ___	11 – 5 = ___	13 – 7 = ___
12 – 9 = ___	14 – 5 = ___	11 – 6 = ___	13 – 6 = ___

3.

16 – 7 = ___	18 – 9 = ___	18 – 9 = ___	12 – 3 = ___
13 – 5 = ___	15 – 8 = ___	11 – 3 = ___	19 – 9 = ___
17 – 9 = ___	16 – 8 = ___	12 – 5 = ___	17 – 8 = ___
15 – 7 = ___	15 – 6 = ___	18 – 8 = ___	13 – 4 = ___
15 – 9 = ___	17 – 9 = ___	11 – 8 = ___	14 – 6 = ___

Verlag an der Ruhr | Claudia Herdemeier |
ISBN 978-3-8346-2255-6 | www.verlagruhr.de

Zahlvorstellung im Zahlenraum bis 100

Was?

Grundlegend für unser dezimales Stellenwertsystem sind die Begriffe **Stellenwert** und **Bündelung**. Der Begriff Stellenwert wird dadurch beschrieben, dass der Wert der Ziffern von 0 bis 9 je nach Stellung in der Zahl unterschiedlich ist. Unsere Zahlen basieren auf der Zehnerbündelung, deshalb auch die Bezeichnung „Dezimales Stellenwertsystem".
Jede Zahl im Zahlenraum steht in einem Beziehungsgeflecht zu anderen Zahlen. Sowohl die Einsicht in die Zahlbeziehungen als auch das Verständnis der dezimalen Struktur unserer Zahlen tragen zur Erweiterung und Vertiefung des Zahlverständnisses bei.

Warum?

Durch das verinnerlichte Wissen über die strukturellen Eigenschaften der Zahlen bis 100 gewinnen die Kinder Sicherheit, sodass sie sich flexibel im Zahlenraum bewegen können. Der Zahlenraum ist nicht mehr ein diffuses Durcheinander, sondern nimmt Struktur an. Der Aufbau von Zahlverständnis unterstützt die rechnerischen Fähigkeiten und umgekehrt. Rechenoperationen sollen nicht rein formal ausgeführt werden, sondern „mit Verstand". Dadurch, dass die Kinder zunehmend ein „Gespür" für Zahlen entwickeln, werden sie in die Lage versetzt, grobe Fehler beim Rechnen zu erkennen.

Die folgenden beiden Übungen dienen dem grundlegenden Verständnis der dekadischen Struktur der Zahlen.

Zahlvorstellung ZR 100 – Übung 1

Material: Zehnerstangen, Einerwürfel, Tuch, „Zahlenkarten Einer" und „Zahlenkarten Zehner"
→ Zahlvorstellung im ZR bis 100, KV 64, 65

Lassen Sie das Kind mit Hilfe der Zehnerstangen und Einerwürfel bestimmte vorgegebene oder selbstgewählte Zahlen legen, z.B. die Zahl 64. Das Kind beschreibt die Zahl: *„Die Zahl 64 hat 6 Zehner und 4 Einer."* Dann legt das Kind mit den Zehner- und Einerkärtchen die genannte Zahl dazu.

Für das Legen der Zehnerstangen sollten Sie auf eine horizontale Darstellung achten (siehe Foto S. 81), da dies der Anordnung des Rechenrahmens und des Hunderterfeldes entspricht.

Diese Übung können Sie beliebig variieren, indem Sie die Ausgangssituation verändern, z.B. nicht das gesprochene Zahlwort, sondern eine mit den Kärtchen gelegte Zahl ist Ausgangspunkt der Übung. Das Kind muss dann die anderen Darstellungsformen der Zahl finden.

Eine weitere Variation der Übung besteht darin, dass die mit Zehnerstangen und Einerwürfeln gelegte Zahl durch ein Tuch verdeckt wird und das Kind die Zahl ertasten soll.

Hinweis:
Für diese Übungen wird vorausgesetzt, dass das Kind die Zehnerbündelung verstanden hat. Bestehen diesbezüglich noch Unsicherheiten, sollte das Kind konkret mit Material Zehnerbündelungen durchführen. Auch die Zehnerstangen und die Einerwürfel sollten dem Kind bekannt sein (s.a. Übungen zum Förderschwerpunkt „Analogieaufgaben im ZR bis 20", S. 66). Zur Vertiefung der dekadischen Struktur des Materials kann man größere Anzahlen von Einerwürfeln in Zehnerstangen umtauschen lassen und umgekehrt.

Zahlvorstellung ZR 100 –Übung 2

Material: Arbeitsblätter „Zahlen bis 100 – Zehnerbündelung"
→ Zahlvorstellung im ZR bis 100, KV 66, 67, S. 87, 88
„Darstellungsformen von Zahlen im ZR bis 100"
→ Zahlvorstellung im ZR bis 100, KV 68

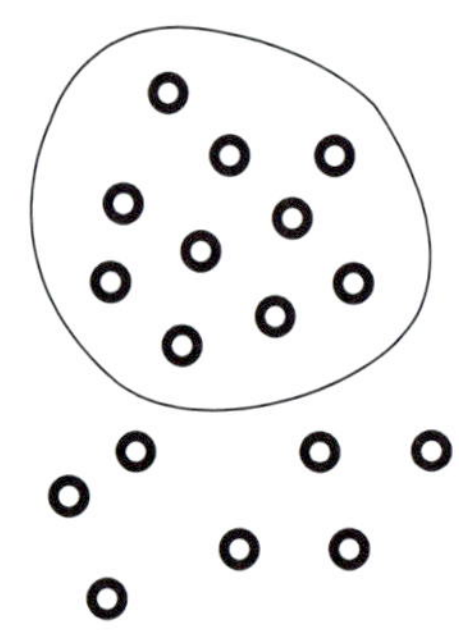

Z	E
1	7

17

1. Bei dieser Übung werden nicht-strukturierte Mengen von Elementen, hier z.B. Kreise, zu Zehnern zusammengefasst bzw. gebündelt. Das Kind bündelt so lange Zehnerpäckchen, bis nicht mehr ausreichend Elemente vorhanden sind. Die ermittelte Anzahl wird anschließend in die Stellenwerttafel eingetragen und als Zahl daneben notiert.

2. Im nächsten Schritt werden nach Zehnerbündelung strukturierte Mengen von Kreisen in die Stellenwerttafel eingetragen.

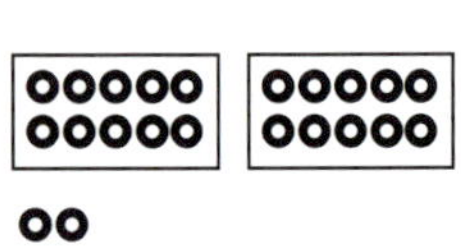

Z	E
2	2

22

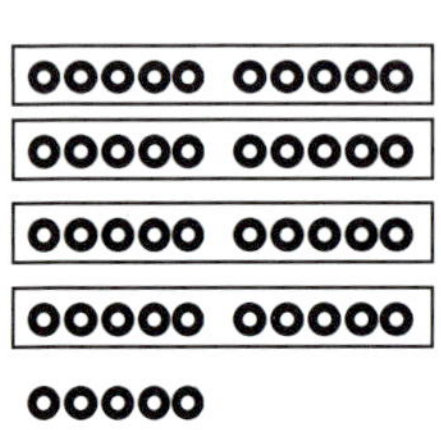

Z	E
4	5

45

3. Auf die gleiche Weise können auch Striche (Zehnerstangen) und Punkte (Einerwürfel) als Repräsentanten dienen. Auch hier trägt das Kind die veranschaulichten Zahlen in die Stellenwerttafel ein und schreibt anschließend die Zahl daneben.

4. Sie können die genannten Übungen auch umkehren, indem Sie eine Zahl vorgeben und das Kind diese Zahl durch lange Striche (für Zehner) und Punkte (für Einer) darstellt.

Z	E
5	3

53

5. Lassen Sie das Kind unterschiedliche Darstellungsformen von Zahlen einander zuordnen.

Hinweis zur Rechts-Links-Orientierung

„Umwelterfahrungen bilden die Grundlage für alle mathematischen Fähigkeiten. [...] Vom eigenen Körper ausgehend wird die Umwelt erfahren. Zuerst wird der Körper differenziert, dann wird das Verständnis für zwei Körperhälften und der Seitigkeit entwickelt. Damit werden die Grundlagen für die Raumwahrnehmung und die räumliche Orientierung gelegt. Ohne diese Fähigkeiten ist kein Verständnis für Zahlen und Mengen möglich.
Die Arbeitsrichtung, die beim Lesen von Zahlen und beim Lösen von Aufgaben bedeutsam ist, kann nur bewusst werden, wenn klare Orientierung am eigenen Körper besteht, also die Unterscheidung zwischen links und rechts gelingt. Dann erst kann diese Erfahrung in den Raum überführt werden, beispielsweise auf den Zahlenstrahl und das Hunderterfeld. (Laschkowski, Werner: Diagnostische Hinweise im basalen Bereich, S. 44, in: Ganser, 1997)

Kinder, die anlagebedingt eine von rechts nach links gerichtete Arbeitsweise bevorzugen, müssen ständig entgegen der ihnen gemäßen Richtung arbeiten, da in unserem Kulturkreis die Arbeitsrichtung grundsätzlich von links nach rechts verläuft. Dies kann eine mögliche Ursache für Richtungsstörungen beim Zahlenlesen und -schreiben sein. (vgl. Gottschalk 1992: Erstrechnen, ISB, S. 18) Während beim Buchstabenlesen die Leserichtung von links nach rechts eingeübt wird, werden beim Lesen zweistelliger Zahlen zuerst die Einer und dann die Zehnerstelle gelesen, also von rechts nach links. Die Konkurrenz zweier Leserichtungen kann sich als Richtungsstörung beim Zahlenlesen und -schreiben auswirken."

(Bürkner/Grunst 1999, Material 3.5.1g)

Hinweis zur Zahleninversion

Unter Inversion versteht man den Sachverhalt, dass unsere zweistelligen Zahlen in Wortform (z.B. „fünfundsechzig") und in Ziffernform (65) in der Reihenfolge nicht übereinstimmen. Dieser Unterschied zwischen Sprech- und Schreibweise bereitet vielen Kindern Schwierigkeiten und führt oft zu Fehlern. Ganz besonders trifft dies für Migrantenkinder zu, da in ihrer Heimatsprache die Abweichungen in der Reihenfolge von Sprech- und Schreibweise nicht existieren (vgl. Padberg 1992, 63/64).

Empfehlungen

- Weisen Sie die Kinder auf die Diskrepanz zwischen Schreib- und Sprechweise unserer Zahlen hin.
- Für das Schreiben der Zahlen muss als feste Regel gelten, dass die Zahlen von links nach rechts geschrieben werden. Auf die richtige Schreibrichtung muss geachtet werden. Auch die Eltern sollten auf die Problematik hingewiesen werden.
- Die richtige Schreibweise kann durch das Schreiben von Zahlen mit dem Computer oder durch das Eintippen der Zahlen in den Taschenrechner geübt werden.
- Durch häufige Zahlendiktate sollte die Schreibrichtung gefestigt und automatisiert werden.
- Als Hilfe bietet es sich auch an, Zahlen in Tabellen zu schreiben und dabei die Schreibrichtung, z.B. durch einen farbigen Pfeil, zu kennzeichnen.
- Ein betontes Lesen der Zehnerstelle von Zahlen, einhergehend mit Kopfnicken, hat sich als sehr hilfreich erwiesen (fünfund**sechzig**, neun**zehn**). Das Kind soll daran erinnert werden, den Zehner zuerst zu schreiben.
- Auch das „Trommeln" von Zahlen stellt eine wertvolle Hilfe dar. Während das Kind die Zahl spricht, wird bei der Einerstelle mit der rechten und bei der Zehnerstelle mit der linken Hand auf den Tisch geschlagen. Eine entsprechende Markierung auf dem Tisch („Z" für Zehner links, „E" für Einer rechts) unterstützt die Übung.

- Um Kindern mit einer Rechts-Links-Orientierungsstörung entgegenzukommen, sollten Sie beim Arbeiten mit dem Zahlenstrahl diesen in eine Richtung von unten nach oben drehen, zumal die Oben-Unten-Dimension eher entwickelt ist als die Rechts-Links-Unterscheidung.

(in Anlehnung an Bürkner/Grunst 1999, Material 3.5.1k)

Bei den folgenden Übungen stehen die Zahlbeziehungen im Zahlenraum bis 100 im Vordergrund.

Zahlvorstellung ZR 100 – Übung 3

Material: Zahlenband bis 100
→ Zahlvorstellung im ZR bis 100, KV 69, S. 89

Das Kind zählt mündlich die Zahlen bis 100 vorwärts und rückwärts, ab einer vorgegebenen Zahl vorwärts und rückwärts, in Zweierschritten vorwärts und rückwärts. Bei Unsicherheiten darf es auf das Zahlenband zurückgreifen.

Zahlvorstellung ZR 100 – Übung 4

Material: „Zahlbeziehungen bis 100 Seite (1/2)"
→ Zahlvorstellung im ZR bis 100, KV 70, S. 90

Das Kind schreibt die Zahlen auf, die in dem Zahlenband mit Pfeilen markiert sind. Durch die Markierungen bzw. die Färbung des Zahlenbands sind die „Kraft der 5" und die „Kraft der 10" hervorgehoben.

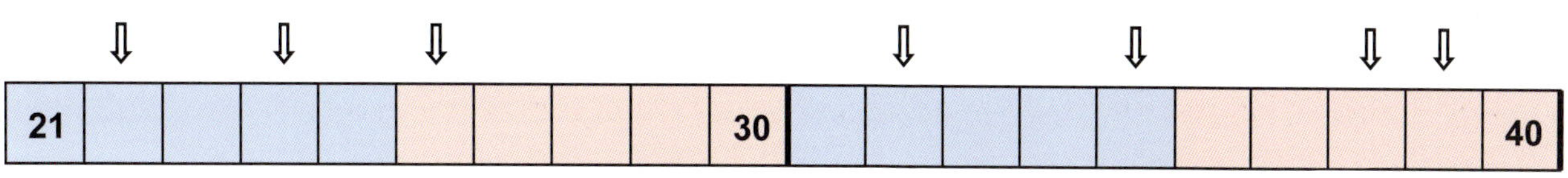

Zahlvorstellung ZR 100 – Übung 5

Material: „Zahlbeziehungen bis 100 Seite (1/2)"
→ Zahlvorstellung im ZR bis 100, KV 70, S. 90

Das Kind bekommt die Aufgabe, vorgegebene Zahlen bis 100 der Größe nach zu ordnen, beginnend mit der kleinsten Zahl. Beispiel:
„Ordne die Zahlen! Beginne mit der kleinsten Zahl! 46, 17, 100, 8, 39, 87, 78, 57, 93, 64"

Zahlvorstellung ZR 100 – Übung 6

Material: „Zahlbeziehungen bis 100 Seite (2/2)"
→ Zahlvorstellung im ZR bis 100, KV 71, S. 91

Das Kind bekommt die Aufgabe, jeweils drei Zahlen aufzuschreiben, die
- größer sind als eine vorgegebene Zahl,
- kleiner sind als eine vorgegebene Zahl,
- zwischen zwei vorgegebenen Zahlen liegen.

Anschließend soll das Kind zu vorgegebenen Zahlen die Nachbarzahlen und die Nachbarzehner aufschreiben.

Erfahrungswerte:

Die meisten Kinder aus dem 3. und 4. Schuljahr sind sicher bezüglich des Zahlverständnisses im Zahlenraum bis 100. Unsicherheiten treten manchmal bei dem Aufschreiben der Nachbarzehner auf. Mit Hilfe der Veranschaulichung des Zahlenbands ist diese Unsicherheit schnell behoben. Bei einer Reihe von Kindern treten Schwierigkeiten bezüglich der Zahleninversion auf. Die Übungen zur Zahlvorstellung und das Beachten der Empfehlungen (s. S. 84) schaffen hier Abhilfe.

Kinder, die sich in der 2. Hälfte des 2. Schuljahres befinden, sind oft noch unsicher bezüglich Zahlvorstellungen und Zahlbeziehungen im Zahlenraum bis 100. Hier helfen die genannten Übungen, um ein fundiertes Zahlverständnis aufzubauen.

Literaturhinweise:

- *Ganser/Schindler/Schüller 2006, S. 33, 85–87*
- *Padberg, S. 58–64, 107*
- *Radatz/Schipper/Dröge/Ebeling 1998, S. 17/18, 27/28, 35–40, 42*
- *Schulz 1997, S. 52, 81–83*

Zahlen bis 100 – Zehnerbündelung (1/2)

1. Bündele. Schreibe die Zahlen.

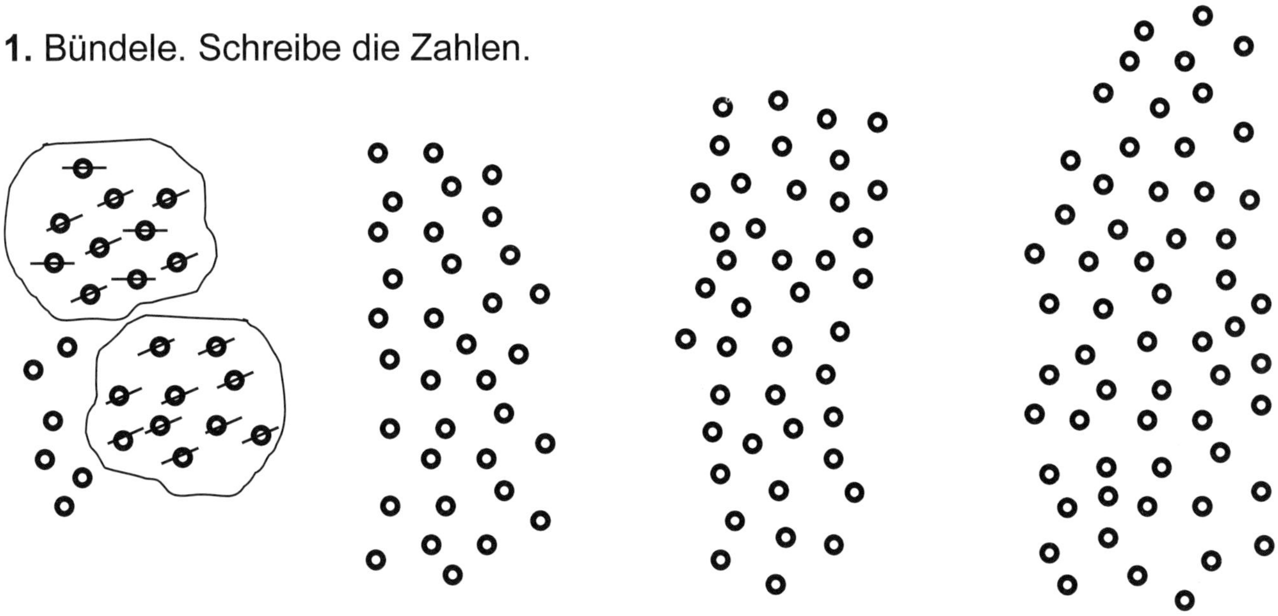

Z	E

___

Z	E

___

Z	E

___

Z	E

___

2. Schreibe die Zahlen.

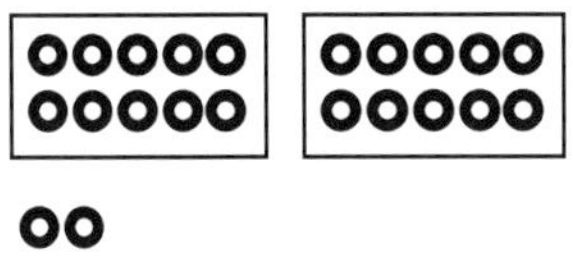

Z	E

___

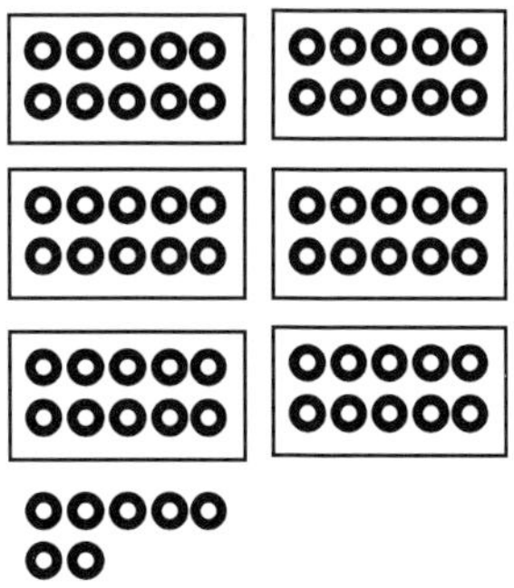

Z	E

___

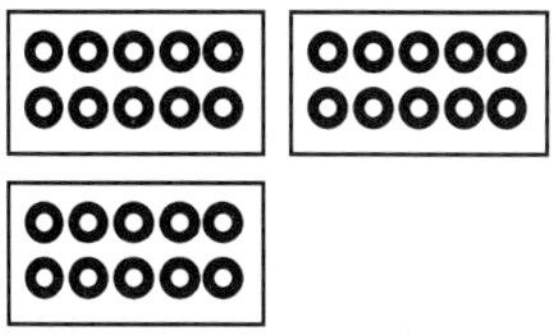

Z	E

___

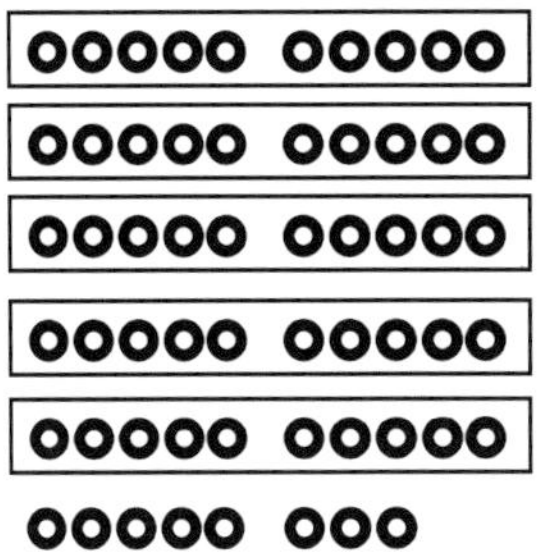

Z	E

___

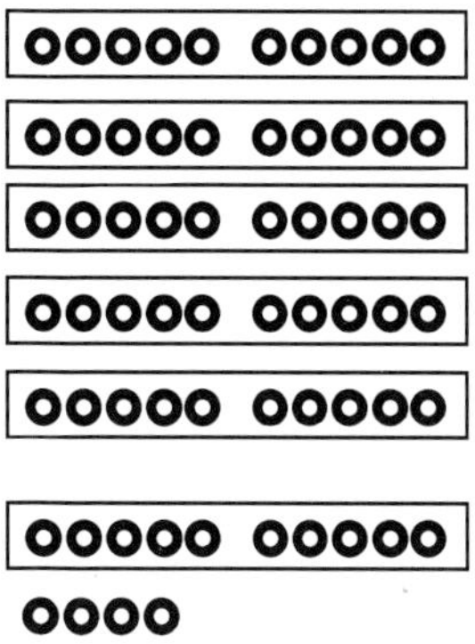

Z	E

___

Zahlen bis 100 – Zehnerbündelung (2/2)

1. Schreibe die Zahl.

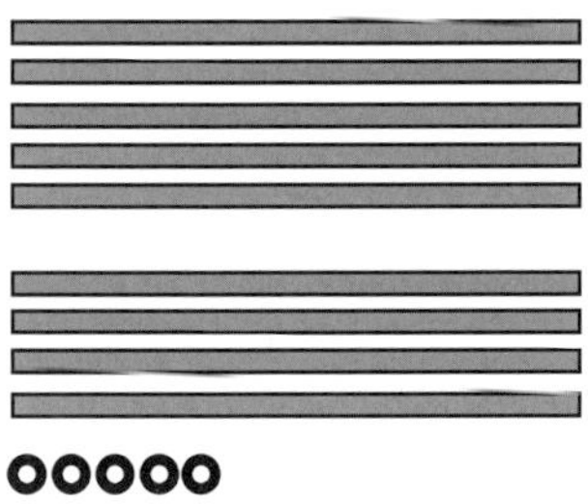

Z	E

___

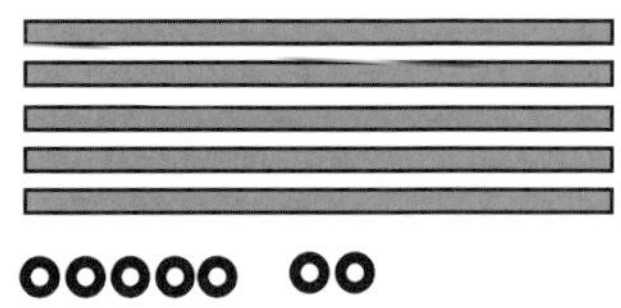

Z	E

___

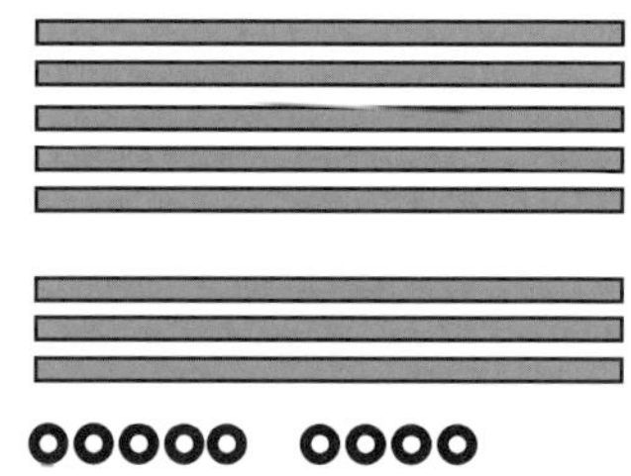

Z	E

___

Z	E

___

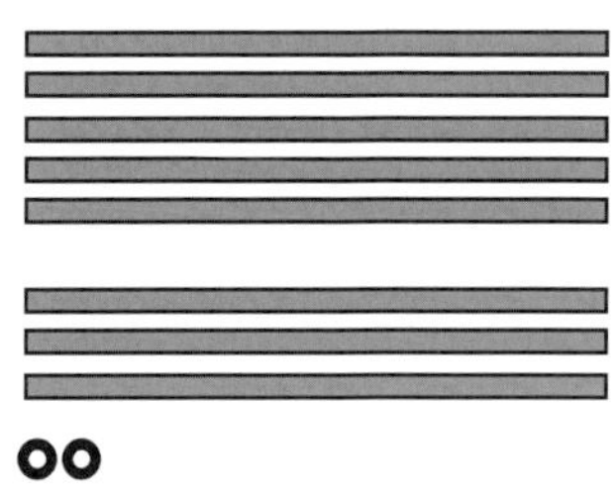

Z	E

___

Z	E

___

2. Zeichne die Zahlen.

Z	E
2	8

___

Z	E

77

Z	E
8	2

___

Verlag an der Ruhr | Claudia Herdemeier |
ISBN 978-3-8346-2255-6 | www.verlagruhr.de

Zahlenband bis 100

1	2	3	4	5	6	7	8	9	10	11	12	13	14	15	16	17	18	19	20
21	22	23	24	25	26	27	28	29	30	31	32	33	34	35	36	37	38	39	40
41	42	43	44	45	46	47	48	49	50	51	52	53	54	55	56	57	58	59	60
61	62	63	64	65	66	67	68	69	70	71	72	73	74	75	76	77	78	79	80
81	82	83	84	85	86	87	88	89	90	91	92	93	94	95	96	97	98	99	100

Zahlbeziehungen bis 100 (1/2)

1. Schreibe die Zahlen auf, die bei den Pfeilen stehen.

	⇩		⇩		⇩						⇩			⇩			⇩	⇩	
21									**30**										**40**

⇩			⇩		⇩		⇩			⇩			⇩			⇩		⇩	
									70										**80**

2. Ordne die Zahlen. Beginne mit der kleinsten Zahl.

55, 73, 8, 27, 66, 13, 94, 26, 33, 99

____

52, 87, 19, 14, 42, 45, 83, 98, 30, 60

____

3. Ordne die Zahlen. Beginne mit der größten Zahl.

83, 75, 57, 38, 17, 71, 93, 29, 5, 49

____

28, 4, 63, 67, 45, 65, 9, 50, 32, 88

____

Verlag an der Ruhr | Claudia Herdemeier |
ISBN 978-3-8346-2255-6 | www.verlagruhr.de

Zahlbeziehungen bis 100 (2/2)

1. Schreibe jeweils drei Zahlen auf:

a) Die Zahlen sind größer als 58: ____________________

b) Die Zahlen sind kleiner als 47: ____________________

c) Die Zahlen liegen zwischen 69 und 75: ____________________

2. Schreibe die beiden Nachbar**zahlen** auf.

___ 52 ___ ___ 47 ___ ___ 16 ___ ___ 84 ___

___ 61 ___ ___ 75 ___ ___ 93 ___ ___ 29 ___

___ 33 ___ ___ 99 ___ ___ 8 ___ ___ 12 ___

3. Schreibe die beiden Nachbar**zehner** auf.

___ 52 ___ ___ 47 ___ ___ 16 ___ ___ 84 ___

___ 61 ___ ___ 75 ___ ___ 93 ___ ___ 29 ___

___ 33 ___ ___ 99 ___ ___ 8 ___ ___ 12 ___

Verlag an der Ruhr | Claudia Herdemeier |
ISBN 978-3-8346-2255-6 | www.verlagruhr.de

Simultanauffassung im Zahlenraum bis 100

Was?

Bei der Simultanauffassung im Zahlenraum bis 100 wird, genauso wie bei der Simultanauffassung im Zahlenraum bis 20, die dekadische Struktur des Zahlenraumes genutzt. Eine strukturierte Anordnung der Zahlen mit Hilfe der „Kraft der 10" und der „Kraft der 5" ermöglicht es, Zahlen bis 100 simultan, also „mit einem Blick" zu erfassen. Voraussetzung für die Übungen ist, dass den Kindern die Strukturen bekannt sind.

Warum?

Bei der quasi-simultanen Auffassung der Zahlen bis 100 unter Ausnutzung der Fünfer- und Zehnerstruktur entwickeln die Kinder tragfähige mentale Vorstellungsbilder der Zahlen. Da den Kinder bei den tachistoskopischen Übungen zur schnellen Zahlauffassung zu wenig Zeit für das einzelne Abzählen bleibt, sind sie gefordert, die Anzahlen mit Hilfe der Struktur „auf einen Blick" zu erfassen. So müssen sie sich von uneffektiven Zählstrategien lösen.

Simultanauffassung ZR 100 – Übung

Material: 10 Materialvorlagen „Simultanauffassung im Zahlenraum bis 100" (Punktebilder strukturierter Anordnung)
→ Simultanauffassung im ZR bis 100, KV 72–81

Die Anzahlen sind auf dem Hunderterfeld als Punkte nach der „Kraft der 10" und der „Kraft der 5" strukturiert angeordnet. Die Fünferstruktur wird durch die vergrößerten Abstände und die Farbgebung betont.

Zeigen Sie dem Förderkind ein strukturiertes Punktebild nur so kurz, dass dem Kind keine Zeit zum Abzählen bleibt. Mit Hilfe der Zehner- und Fünferstruktur, die dem Kind vorher bekannt sein muss, erfasst es die Anzahl quasi-simultan und nennt die Zahl.

Es ist zu empfehlen, dem Kind den Auftrag zu geben, mit Hilfe des erneut vorgelegten Punktebildes zu beschreiben, wie es die Anzahl „so schnell" gesehen hat. Das Beschreiben der individuellen Sichtweise unterstützt den Verinnerlichungsprozess des strukturierten Punktebildes und hilft bei dem „schnellen Blick" für das nächste Punktebild.

Erfahrungswerte:

Den meisten Kindern, denen die Zehner- und Fünferstruktur im Zahlenraum bis 100, veranschaulicht am Hunderterfeld, bekannt ist, gelingt die quasi-simultane Anzahlerfassung. Nach einigen Übungen werden die Kinder immer sicherer und sind stolz darauf, dass sie die Anzahl so vieler Punkte „auf einen Blick" erkennen können. Es ist sinnvoll, die Übungen zur Simultanauffassung eine Zeit lang regelmäßig durchzuführen, da es die Kinder beim Ablösungsprozess von uneffektiven Zählstrategien unterstützt.

Kinder, die die Zehner- und Fünferstruktur im Zahlenraum bis 100 noch nicht verinnerlicht haben, brauchen diesbezüglich grundlegende Übungen (siehe Förderschwerpunkt „Zahlvorstellung im Zahlenraum bis 100", S. 81). Nachdem bei diesen Kindern die Zehner/Einerstruktur der Zahlen grundgelegt ist, gewinnen sie überraschend schnell Sicherheit bei den Übungen zur Simultanerfassung.

Literaturhinweise:

- *Müller/Wittmann 1995, S. 98*
- *Radatz/Schipper/Dröge/Ebeling 1998, S. 32*

Analogieaufgaben im Zahlenraum bis 100

Was?

Die Additions- und Subtraktionsaufgaben im Zahlenraum bis 10 lassen sich nicht nur analog auf den zweiten Zehner übertragen (siehe Förderschwerpunkt „Analogieaufgaben im Zahlenraum bis 20", S. 66), sondern ebenso auf die weiteren Zehner im Zahlenraum bis 100. Beherrschen die Kinder die Grundaufgaben im Zahlenraum bis 10 (z.B. 8 – 5 = 3), können sie dieses Wissen beim Rechnen analoger Aufgaben im Zahlenraum bis 100 (z.B. 38 – 5 = 33) nutzen.

Warum?

Die Kinder sollen Einsicht in die dekadischen Analogien im Zahlenraum bis 100 erlangen, damit sie „mit Verstand" die Gesetzmäßigkeiten beim Rechnen nutzen können. Durch das Zurückführen von Additions- und Subtraktionsaufgaben der Form ZE +/– E ohne Überschreitung (ZE für gemischte Zehnerzahlen, E für Einer) auf die analogen Grundaufgaben im Zahlenraum bis 10 werden die Beziehungen im Zahlenraum deutlich. Durch das einsichtige Nutzen dieser Beziehungen können die Kinder die Aufgaben in den weiteren Zehnern „ohne zu rechnen" lösen.

Analogieaufgaben ZR 100 – Übung 1

Material: Zehnerstangen, Einerwürfel (in zwei unterschiedlichen Farben)
Stift, 2 Buntstifte, kariertes Papier

Die folgende Übung dient dem grundlegenden Verständnis der Analogieaufgaben im Zahlenraum bis 100. Das Kind legt einen Term im ersten Zehner (z.B. 3 + 6) mit Einerwürfeln so hin, dass zwischen den beiden Summanden eine kleine Lücke bleibt. Durch das Hinzulegen von Zehnerstangen in einer anderen Farbe wird deutlich, dass sich durch das Hinzufügen der Stangen in der Darstellung der Einer optisch (und auch rechnerisch) nichts ändert.

3 + 6 = 9

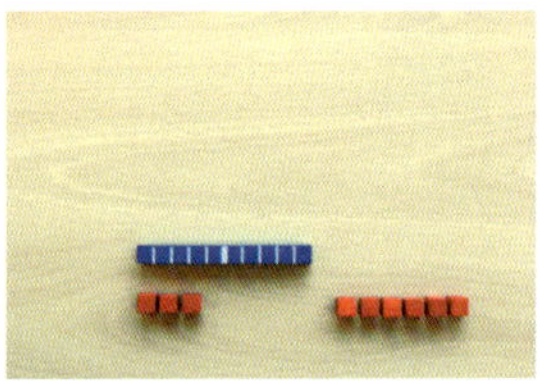

13 + 6 = 19

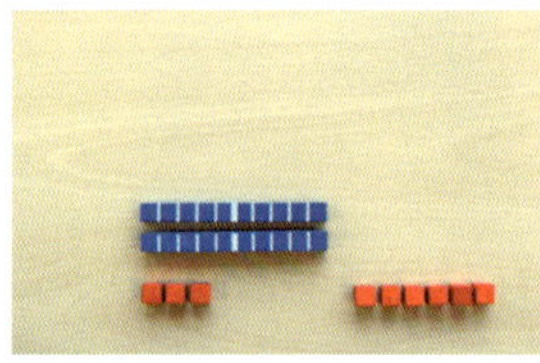

23 + 6 = 29

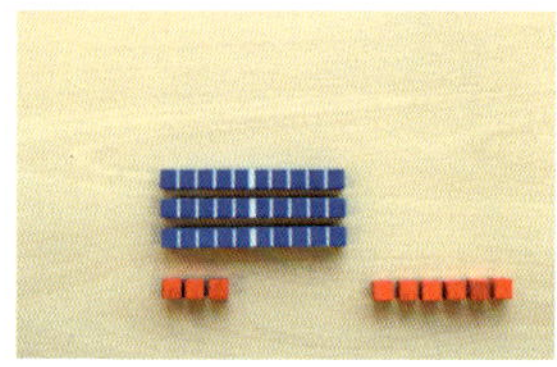

33 + 6 = 39

Die gelegten Aufgaben schreibt das Kind mit den entsprechenden Farben für die Zehner- und Einerstelle stellengerecht untereinander auf das karierte Papier. Subtraktionsaufgaben lassen sich analog darstellen und aufschreiben.

Die folgenden Übungen dienen der Automatisierung der Analogieaufgaben ohne Arbeitsmittel.

Analogieaufgaben ZR 100 – Übung 2

Material: 2 Buntstifte, Arbeitsblätter „Schöne Päckchen" und „Aufgabenpärchen"
→ Analogieaufgaben im ZR bis 100, KV 82–88 S. 97–103

Lassen Sie das Kind in die Vorlage Analogieaufgaben zu einer vorgegebenen Grundaufgabe schreiben (hier: 9 – 4 = 5). Das Kind achtet darauf, die Aufgaben stellengerecht untereinanderzuschreiben, und markiert die Einer und die Zehner in unterschiedlichen Farben.

Durch Vorgabe analoger Additions- und Subtraktionsaufgaben übt das Kind beim Bearbeiten die Anwendung der dekadischen Analogie, sodass es die Aufgaben „ohne zu rechnen" lösen kann.

Für die Aufgabenpäckchen bieten sich z.B. folgende Formen an:

6 + 3 =	7 - 2 =
36 + 3 =	67 - 2 =
56 + 3 =	87 - 2 =
86 + 3 =	57 - 2 =
26 + 3 =	37 - 2 =

Auch Analogieaufgaben rund um den ganzen Zehner sind sinnvoll:

10 + 4 =	10 - 3 =
40 + 4 =	30 - 3 =
50 + 4 =	70 - 3 =
30 + 4 =	50 - 3 =

Die dekadischen Analogien können für Platzhalteraufgaben „Ergänzen zum nächsten Zehner" genutzt werden, z.B.:

6 + □ =	3 + □ =
36 + □ =	83 + □ =
76 + □ =	53 + □ =
46 + □ =	33 + □ =

Auch das Addieren und Subtrahieren ganzer Zehner wird durch die dekadische Analogie unterstützt, z.B.:

3 + 4 =	8 - 5 =
30 + 40 =	80 - 50 =

Hinweis:
Zur Unterstützung der dekadischen Analogien können die Einer und Zehner farblich unterschiedlich aufgeschrieben oder nachgefahren werden.
Ein Rückgriff auf die Zehnerstangen und die Einerwürfel ist bei Unsicherheiten des Kindes jederzeit möglich.

Analogieaufgaben ZR 100 – Übung 3

Führen Sie bei Erfolg der vorherigen Übungen nun Kopfrechenübungen mit dem Kind durch.

- Das Kind nennt selbstständig eine Grundaufgabe im ersten Zehner und eine analoge Aufgabe in einem anderen Zehner. (z.B. „5 + 4 = 9, 45 + 4 = 49")
- Das Kind rechnet eine Grundaufgabe im Zahlenraum bis 10 und sagt das operative Päckchen auswendig auf.

  z.B. 5 + 2 = 7
  15 + 2 = 17
  25 + 2 = 27
  ...
- Das Kind rechnet eine Grundaufgabe im Zahlenraum bis 10, anschließend analoge Aufgaben in weiteren Zehnern, diesmal nicht der Reihe nach.

  z.B. 6 + 3 = 9
  46 + 3 = 49
  96 + 3 = 99
  ...
- Das Kind rechnet eine Aufgabe im Zahlenraum bis 100 und nutzt dabei die automatisierte Grundaufgabe im ersten Zehner. (z.B. „24 + 3 = 27, denn 4 + 3 = 7")

Hinweis

Es sollte bei den Kopfrechenübungen darauf geachtet werden, dass die Kinder nicht in das zählende Rechnen zurückfallen, sondern die dekadische Analogie nutzen. Manchmal hilft auch eine kleine Bedenkpause, in der die Kinder kurz überlegen, welche Grundaufgabe ihnen beim Rechnen „ohne zu rechnen" helfen kann.

Erfahrungswerte:

Die meisten rechenschwachen Kinder aus dem 2. bis 4. Schuljahr errechnen sich die Aufgaben im Zahlenraum bis 100 zählend. Dekadische Analogien sind ihnen nicht bewusst und können so auch nicht sinnvoll genutzt werden. Es ist zu beobachten, dass die Kinder durch die Übungen sehr schnell Einsicht bezüglich der Analogien erlangen und diese auch bald beim Kopfrechnen nutzen können. Oft sind die Kinder stolz, dass es ihnen gelingt, so viele Aufgaben, „ohne zu rechnen", schnell und sicher zu lösen.

Literaturhinweise
- *Bürkner/Grunst 1999, Material 3.5.2i*
- *Ganser/Schindler/Schüller 2006, S. 42*
- *Padberg 1992, S. 91, 103, 107*
- *Radatz/Schipper/Dröge/Ebeling 1998, S. 57*

Schöne Päckchen

von

____

		+		=		
		+		=		
		+		=		
		+		=		
		+		=		
		+		=		
		+		=		
		+		=		
		+		=		
		+		=		

		-		=		
		-		=		
		-		=		
		-		=		
		-		=		
		-		=		
		-		=		
		-		=		
		-		=		
		-		=		

		+		=		
		+		=		
		+		=		
		+		=		
		+		=		
		+		=		
		+		=		
		+		=		
		+		=		
		+		=		

		+		=		
		+		=		
		+		=		
		+		=		
		+		=		
		+		=		
		+		=		
		+		=		
		+		=		
		+		=		

		+		=		
		+		=		
		+		=		
		+		=		
		+		=		
		+		=		
		+		=		
		+		=		
		+		=		
		+		=		

		+		=		
		+		=		
		+		=		
		+		=		
		+		=		
		+		=		
		+		=		
		+		=		
		+		=		
		+		=		

		+		=		
		+		=		
		+		=		
		+		=		
		+		=		
		+		=		
		+		=		
		+		=		
		+		=		
		+		=		

		+		=		
		+		=		
		+		=		
		+		=		
		+		=		
		+		=		
		+		=		
		+		=		
		+		=		
		+		=		

Verlag an der Ruhr | Claudia Herdemeier |
ISBN 978-3-8346-2255-6 | www.verlagruhr.de

		-		=		
		-		=		
		-		=		
		-		=		
		-		=		
		-		=		
		-		=		
		-		=		
		-		=		
		-		=		

		-		=		
		-		=		
		-		=		
		-		=		
		-		=		
		-		=		
		-		=		
		-		=		
		-		=		
		-		=		

		-		=		
		-		=		
		-		=		
		-		=		
		-		=		
		-		=		
		-		=		
		-		=		
		-		=		
		-		=		

		-		=		
		-		=		
		-		=		
		-		=		
		-		=		
		-		=		
		-		=		
		-		=		
		-		=		
		-		=		

Schöne Päckchen – Addition

	7	+	2	=		
1	7	+	2	=		
2	7	+	2	=		
3	7	+	2	=		
4	7	+	2	=		
		+		=		
		+		=		
		+		=		
		+		=		
		+		=		

	3	+	6	=		
1	3	+	6	=		
2	3	+	6	=		
3	3	+		=		
		+		=		
		+		=		
		+		=		
		+		=		
		+		=		
		+		=		

	0	+	4	=		
1	0	+	4	=		
2	0	+	4	=		
3	0	+		=		
		+		=		
		+		=		
		+		=		
		+		=		
		+		=		
		+		=		

	0	+	7	=		
1	0	+	7	=		
5	0	+	7	=		
6	0	+		=		
8	0	+		=		
4	0	+		=		
9	0	+		=		
3	0	+		=		
2	0	+		=		
7	0	+		=		

	5	+	4	=		
1	5	+	4	=		
5	5	+		=		
7	5	+		=		
2	5	+		=		
6	5	+		=		
4	5	+		=		
8	5	+		=		
3	5	+		=		
9	5	+		=		

	4	+		=	1	0	
1	4	+		=	2	0	
2	4	+		=			
3	4	+		=			
4	4	+		=			
		+		=			
		+		=			
		+		=			
		+		=			
		+		=			

	7	+		=	1	0	
3	7	+		=	4	0	
8	7	+		=			
6	7	+		=			
9	7	+		=			
2	7	+		=			
5	7	+		=			
1	7	+		=			
7	7	+		=			
4	7	+		=			

	1	+		=	1	0	
5	1	+		=	6	0	
2	1	+		=			
8	1	+		=			
6	1	+		=			
1	1	+		=			
3	1	+		=			
7	1	+		=			
4	1	+		=			
9	1	+		=			

		+		=		
		+		=		
		+		=		
		+		=		
		+		=		
		+		=		
		+		=		
		+		=		
		+		=		
		+		=		

Verlag an der Ruhr | Claudia Herdemeier |
ISBN 978-3-8346-2255-6 | www.verlagruhr.de

Schöne Päckchen – Subtraktion

	9	-	2	=		
1	9	-	2	=		
2	9	-	2	=		
3	9	-	2	=		
4	9	-	2	=		
		-		=		
		-		=		
		-		=		
		-		=		
		-		=		

	7	-	4	=		
1	7	-	4	=		
2	7	-	4	=		
3	7	-		=		
		-		=		
		-		=		
		-		=		
		-		=		
		-		=		
		-		=		

	1	0	-	6	=		
	2	0	-	6	=		
	3	0	-	6	=		
	4	0	-		=		
			-		=		
			-		=		
			-		=		
			-		=		
			-		=		
			-		=		

	1	0	-	7	=		
	9	0	-	7	=		
	5	0	-	7	=		
	6	0	-		=		
	8	0	-		=		
	4	0	-		=		
1	0	0	-		=		
	3	0	-		=		
	2	0	-		=		
	7	0	-		=		

	8	-	5	=		
1	8	-	5	=		
5	8	-	5	=		
7	8	-		=		
2	8	-		=		
6	8	-		=		
4	8	-		=		
8	8	-		=		
3	8	-		=		
9	8	-		=		

	1	0	-		=		6
	2	0	-		=	1	6
	3	0	-		=	2	6
	4	0	-		=		
			-		=		
			-		=		
			-		=		
			-		=		
			-		=		
			-		=		

	1	0	-		=		5
	3	0	-		=	2	5
	8	0	-		=	7	5
	2	0	-		=		
	9	0	-		=		
	7	0	-		=		
	5	0	-		=		
1	0	0	-		=		
	6	0	-		=		
	4	0	-		=		

	1	0	-		=		1
	5	0	-		=	4	1
	2	0	-		=	1	1
	8	0	-		=		
	6	0	-		=		
1	0	0	-		=		
	3	0	-		=		
	7	0	-		=		
	4	0	-		=		
	9	0	-		=		

		-		=		
		-		=		
		-		=		
		-		=		
		-		=		
		-		=		
		-		=		
		-		=		
		-		=		
		-		=		

Aufgabenpärchen bis 100 (1/2)

	6	+	3	=		9
3	6	+	3	=		

	5	+	4	=		
5	5	+	4	=		

	7	+	3	=		
3	7	+	3	=		

	3	+	4	=		
7	3	+	4	=		

	8	+	1	=		
6	8	+	1	=		

	4	+	3	=		
8	4	+	3	=		

	2	+	6	=		
9	2	+	6	=		

	2	+	7	=		
4	2	+	7	=		

	2	+	6	=		
7	2	+	6	=		

	7	+	2	=		
		+		=		

	7	+	0	=		
		+		=		

	2	+	2	=		
		+		=		

	2	+	5	=		
		+		=		

	3	+	6	=		
		+		=		

	3	+	4	=		
		+		=		

	8	–	3	=		5
7	8	–	3	=		

	5	–	4	=		
6	5	–	4	=		

	8	–	5	=		
3	8	–	5	=		

	7	–	2	=		
5	7	–	2	=		

	6	–	2	=		
3	6	–	2	=		

	9	–	6	=		
9	9	–	6	=		

	8	–	6	=		
9	8	–	6	=		

1	0	–	6	=		
7	0	–	6	=		

1	0	–	8	=		
5	0	–	8	=		

	6	–	4	=		
		–		=		

	7	–	5	=		
		–		=		

	8	–	8	=		
		–		=		

	9	–	5	=		
		–		=		

1	0	–	7	=		
		–		=		

1	0	–	9	=		
		–		=		

Verlag an der Ruhr | Claudia Herdemeier |
ISBN 978-3-8346-2255-6 | www.verlagruhr.de

Aufgabenpärchen bis 100 (2/2)

4	5	+	3	=		
	5	+	3	=		

5	2	+	3	=		
		+		=		

3	2	+	4	=		
		+		=		

7	2	+	4	=		
	2	+	4	=		

6	6	+	3	=		
		+		=		

8	4	+	5	=		
		+		=		

9	3	+	6	=		
	3	+	6	=		

4	5	+	4	=		
		+		=		

6	1	+	4	=		
		+		=		

6	2	+	5	=		
		+		=		

6	7	+	2	=		
		+		=		

7	2	+	7	=		
		+		=		

4	3	+	4	=		
		+		=		

8	6	+	0	=		
		+		=		

2	3	+	6	=		
		+		=		

7	5	–	3	=		
	5	–	3	=		

4	6	–	3	=		
		–		=		

8	6	–	5	=		
		–		=		

4	6	–	2	=		
	6	–	2	=		

6	7	–	5	=		
		–		=		

3	8	–	8	=		
		–		=		

6	8	–	6	=		
	8	–	6	=		

8	8	–	2	=		
		–		=		

4	4	–	3	=		
		–		=		

5	7	–	5	=		
		–		=		

7	9	–	4	=		
		–		=		

5	6	–	4	=		
		–		=		

3	8	–	3	=		
		–		=		

6	4	–	4	=		
		–		=		

5	5	–	3	=		
		–		=		

Zehnerüberschreitung im Zahlenraum bis 100

der Form ZE +/- E mit Überschreitung

Was?

Bei dem Zehnerübergang der Form „ZE +/- E mit Überschreitung" werden die vollen Zehner im Zahlenraum bis 100 durch das Addieren oder Subtrahieren von Einern überschritten.
Ziel ist es, durch die Strategie „Zerlegung einer Aufgabe in leichtere Teilaufgaben" die Zehnerüberschreitung ohne zählendes Rechnen zu bewältigen. So wird z.B. die Aufgabe 37 + 8 = 45 in die beiden leichteren Teilaufgaben 37 + 3 = 40 und 40 + 5 = 45 zerlegt.
Diese Zerlegungsstrategie beim Addieren und Subtrahieren setzt ganz bestimmte Kenntnisse und Fähigkeiten voraus.

Für die Addition als 46 + 7 = 46 + 4 + 3 müssen die Kinder beherrschen:

- das Zerlegen von Zahlen (7 = 4 + 3 ...),
- den Stellenwertbegriff,
- die Addition/das Ergänzen zum vollen Zehner (46 + ? = 50 ...),
- die dekadische Struktur des Zahlenraumes (46 + 4 = ? ...),
- die Addition vom vollen Zehner aus (50 + 3 = ? ...).

Für die Subtraktion als 63 – 7 = 63 – 3 – 4 muss vorausgesetzt werden:

- die Subtraktion zum vollen Zehner (63 - ? = 60),
- der Stellenwertbegriff,
- die dekadische Struktur des Zahlenraumes (63 - 3 = ? ...)
- das Zerlegen von Zahlen (7 = 3 + ? ...)
- die Subtraktion vom ganzen Zehner aus (60 – 4 = ? ...)

(vgl. Förderschwerpunkt „Zehnerüberschreitung im Zahlenraum bis 20", S. 72)

Warum?

Die Strategie „Zerlegung einer Aufgabe in leichtere Teilaufgaben" (s.o.) ersetzt uneffektive Strategien, z.B. die des zählenden Rechnens. Mit Hilfe des strukturierten Arbeitsmittels 100er-Rechenrahmen und der Methode „verkürzte Handlungen" werden mentale Vorstellungsbilder aufgebaut, sodass die Zehnerüberschreitung beim Rechnen im Kopf durch eine gute und effektive Strategie bewältigt wird.

Zehnerüberschreitung ZR 100 – Übung 1

Material: Rechenrahmen bis 100 (mit Fünfer- und Zehnerstruktur)

Die folgende Übung dient dem grundlegenden Verständnis des Zehnerübergangs bei der Addition. Der Umgang mit dem 100er-Rechenrahmen muss, genau so wie der Umgang mit dem 20er-Rechenrahmen, eingeübt werden. Als Konvention gilt weiterhin, dass als Ausgangsposition alle Perlen nach rechts geschoben werden (Wert: 0). Sind alle Perlen nach links geschoben, ist die Zahl 100 eingestellt. Beim Darstellen von Zahlen mit Hilfe des 100er-Rechenrahmens ist es wichtig, darauf zu achten, dass die Kinder unter Ausnutzung der Fünfer- und Zehnerstruktur des Rechenrahmens die Zahlen mit möglichst wenigen Zügen schieben. Im Folgenden ist der Verlauf der Übung anhand der Additionssaufgabe 36 + 8 = 44 beschrieben.

Nach Einstellung der Startposition am Rechenrahmen (alle Kugeln befinden sich rechts im Anschlag) schiebt das Kind den ersten Summanden (hier: 36) mit möglichst wenigen Zügen nach links.

Nun füllt das Kind die vierte Zehnerstange auf, indem es die restlichen vier Kugeln zu den sechs Kugeln schiebt. Das Zwischenergebnis 40 ist dargestellt.

Bei der letzten Handlung schiebt das Kind die vier Kugeln der fünften Zehnerstange nach links bündig unter die 40 Kugeln. Das Ergebnis 44 ist dargestellt.

Bei dieser Übung werden alle Schritte mit Hilfe des Rechenrahmens ausgeführt. Wichtig ist, dass das Kind die Handlungen sprachlich begleitet, z.B. *„Ich schiebe zuerst die 36, indem ich 3 Zehnerstangen und 6 Einerkugeln nach links schiebe. Dann fülle ich auf 40 auf und schiebe die restlichen 4 Kugeln nach links."* Oder kürzer: *„36, plus 4 gleich 40; 40 plus 4 gleich 44."* Oder noch kürzer: *„36, 40, 44"*.

Zehnerüberschreitung ZR 100 – Übung 2

Material: Rechenrahmen bis 100 (mit Fünfer- und Zehnerstruktur)

Die folgende Übung dient dem Verinnerlichen des Zehnerübergangs bei der Addition (mit und ohne Anschauung) durch die schrittweise Ablösung vom Arbeitsmittel.
Zum Aufbau mentaler Vorstellungen des schrittweisen Zehnerübergangs wird die Methode der „verkürzten Handlungen" am Rechenrahmen eingesetzt. Ziel ist es, dass die Teilaufgaben in der Vorstellung, also im Kopf ohne Rechenrahmen, ausgeführt werden können (siehe „Zehnerüberschreitung im Zahlenraum bis 20", S. 72).

Auch hier dient als Beispiel die Additionsaufgabe 36 + 8 = 44.

Das Kind führt mit Hilfe des Rechenrahmens nur die ersten beiden Schritte aus. Es schiebt die 36 Kugeln nach links und füllt die vierte Zehnerstange auf (36, + 4). Die letzte Handlung (+ 4) wird nicht mehr durchgeführt. Das Kind sieht diesen Schritt nur noch „in Gedanken". Die Schritte sollen, wie beschrieben, sprachlich begleitet werden.

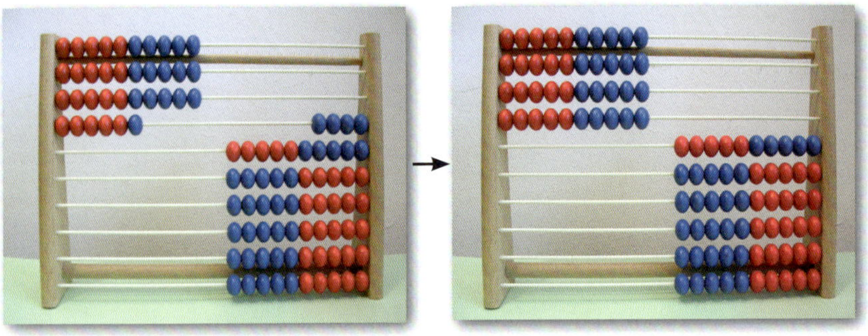

Als weitere Verkürzung der Handlung schiebt das Kind lediglich den ersten Summanden und führt die restlichen beiden Schritte „in Gedanken" durch. Auch hier soll das Kind die ausgeführten und vorgestellten Schritte versprachlichen.

Als nächste Stufe steht der Rechenrahmen in der Startposition auf dem Tisch. Das Kind beschreibt die drei Schritte ohne eine Handlung am Rechenrahmen. Hierbei darf es allerdings noch den Rechenrahmen anschauen.

Die letzte Stufe des Verinnerlichungsprozesses ist die Beschreibung der drei Schritte ohne Anschauung. Stellen Sie den Rechenrahmen weg, sodass das Kind diesen nicht mehr sehen kann.
Das Kind kann während der Übungen bei Unsicherheiten jederzeit auf den Rechenrahmen zurückgreifen und gewünschte Rechenschritte konkret durchführen.

Zehnerüberschreitung ZR 100 – Übung 3

Material: Arbeitsblätter „Rund um den Zehner" und „Über den Zehner",
→ Zehnerüberschreitung im ZR bis 100, KV 89–91, S. 108–110

Das Kind übt die Zerlegungsstrategie beim Zehnerübergang ohne Arbeitsmittel. Bei Unsicherheiten machen Sie dem Kind transparent, dass es auf keinen Fall zählen soll, sondern jederzeit auf den Rechenrahmen zurückgreifen kann.

Zur Unterstützung der Rechenschritte kann ein Zwischenergebnis notiert werden, z.B. 26 + 7 = 30 + 3 = 33.

Hinweis

Bevor das Kind die Subtraktion mit Zehnerübergang einübt, sollte die Addition mit Zehnerübergang gefestigt sein. Die Übungen zur Subtraktion sind analog aufgebaut zu den Übungen der Addition. (siehe Übungen zum Förderschwerpunkt „Zehnerüberschreitung im Zahlenraum bis 20", S. 72).

Erfahrungswerte:

Fast alle rechenschwachen Kinder benutzen zur Bewältigung des Zehnerübergangs im Zahlenraum bis 100 das zählende Rechnen. Die Kompetenzen, die die Kinder beim Überschreiten des Zehners im Zahlenraum bis 20 erreicht haben (siehe Förderschwerpunkt „Zehnerüberschreitung im Zahlenraum bis 20", S. 72), werden beim Zehnerübergang im Zahlenraum bis 100 aufgegriffen und vertieft. Die Kinder sind schnell mit dem 100er-Rechenrahmen, welcher strukturgleich zum 20er-Rechenrahmen aufgebaut ist, vertraut und können die Handlungen am Rechenrahmen ohne Probleme ausführen. Beim Aufbau mentaler Vorstellungsbilder durch die Methode der „verkürzten Handlungen" brauchen die Kinder unterschiedlich viel Zeit für das Verinnerlichen der Zerlegungsstrategie. Das Förderziel, den Zehnerübergang, ohne zu zählen, mit Hilfe der Teilschritte im Kopf ohne Arbeitsmittel ausführen zu können, erreichten alle Kinder, sogar lernbehinderte Kinder. An dieser Stelle der Förderung haben die Kinder eine entscheidende Hürde zum nicht-zählenden Rechnen genommen (vgl. Ganser 2004, S. 199). Kopfrechenübungen zum Zehnerübergang sollten immer wieder in regelmäßigen Abständen durchgeführt werden, da die Gefahr droht, dass die Kinder in zählendes Rechnen zurückfallen.

Literaturhinweise

- *Ganser 2004, S. 198/199*
- *Lorenz/Radatz 1993, S. 134*
- *Padberg 1992, S. 85*
- *Radatz/Schipper/Dröge/Ebeling 1998, S. 32/33, 48*
- *Schipper 2005, S. 46*

Rund um den Zehner

30 + 7 = ___	60 – 4 = ___	20 + 2 = ___	90 – 5 = ___
80 + 3 = ___	70 – 6 = ___	70 – 8 = ___	40 + 3 = ___
50 + 6 = ___	80 – 5 = ___	50 + 9 = ___	30 – 1 = ___
90 + 1 = ___	20 – 9 = ___	80 – 8 = ___	60 + 2 = ___

40 + ___ = 42	90 – ___ = 87	30 – ___ = 29	60 + ___ = 61
70 + ___ = 76	60 – ___ = 51	10 + ___ = 17	40 – ___ = 36
80 + ___ = 85	50 – ___ = 44	10 – ___ = 5	90 + ___ = 98
30 + ___ = 33	10 – ___ = 6	20 + ___ = 26	50 – ___ = 45

3 + 7 = 10	4 + ___ = 10	56 + ___ = ___	91 + ___ = ___
43 + ___ = 50	24 + ___ = ___	73 + ___ = ___	74 + ___ = ___
63 + ___ = ___	94 + ___ = ___	48 + ___ = ___	27 + ___ = ___
53 + ___ = ___	54 + ___ = ___	65 + ___ = ___	33 + ___ = ___

24 – 4 = 20	87 – ___ = ___	46 – ___ = ___	71 – ___ = ___
64 – ___ = 60	37 – ___ = ___	82 – ___ = ___	64 – ___ = ___
84 – ___ = ___	17 – ___ = ___	25 – ___ = ___	39 – ___ = ___
94 – ___ = ___	97 – ___ = ___	98 – ___ = ___	67 – ___ = ___

Verlag an der Ruhr | Claudia Herdemeier |
ISBN 978-3-8346-2255-6 | www.verlagruhr.de

Über den Zehner – Addition

1.

36 + 4 + 3 = ___	13 + 7 + 6 = ___	15 + 5 + 5 = ___	12 + 8 + 9 = ___
77 + 3 + 5 = ___	84 + 6 + 3 = ___	28 + 2 + 4 = ___	64 + 6 + 1 = ___
18 + 2 + 6 = ___	51 + 9 + 5 = ___	76 + 4 + 8 = ___	48 + 2 + 8 = ___
29 + 1 + 7 = ___	42 + 8 + 6 = ___	83 + 7 + 6 = ___	59 + 1 + 5 = ___
45 + 5 + 4 = ___	67 + 3 + 9 = ___	29 + 1 + 3 = ___	35 + 5 + 2 = ___

2.

17 + 6 = ___	25 + 7 = ___	63 + 8 = ___	29 + 7 = ___
34 + 8 = ___	19 + 4 = ___	48 + 3 = ___	78 + 3 = ___
28 + 5 = ___	77 + 5 = ___	54 + 7 = ___	55 + 6 = ___
56 + 7 = ___	64 + 8 = ___	29 + 6 = ___	37 + 5 = ___
13 + 9 = ___	22 + 9 = ___	44 + 7 = ___	16 + 5 = ___

3.

25 + 7 = ___	47 + 9 = ___	35 + 8 = ___	58 + 6 = ___
89 + 5 = ___	76 + 9 = ___	26 + 7 = ___	19 + 2 = ___
18 + 9 = ___	84 + 8 = ___	47 + 9 = ___	67 + 8 = ___
44 + 7 = ___	15 + 9 = ___	58 + 3 = ___	83 + 9 = ___
52 + 9 = ___	26 + 5 = ___	79 + 8 = ___	14 + 7 = ___

Über den Zehner – Subtraktion

1.

24 – 4 – 3 = ___	17 – 7 – 6 = ___	45 – 5 – 5 = ___	28 – 8 – 9 = ___
43 – 3 – 5 = ___	36 – 6 – 3 = ___	12 – 2 – 4 = ___	76 – 6 – 1 = ___
72 – 2 – 6 = ___	89 – 9 – 5 = ___	34 – 4 – 8 = ___	22 – 2 – 8 = ___
61 – 1 – 7 = ___	58 – 8 – 6 = ___	97 – 7 – 6 = ___	41 – 1 – 5 = ___
95 – 5 – 4 = ___	63 – 3 – 9 = ___	81 – 1 – 3 = ___	65 – 5 – 2 = ___

2.

57 – 6 = ___	74 – 5 = ___	25 – 7 = ___	73 – 4 = ___
43 – 5 = ___	28 – 9 = ___	31 – 4 = ___	48 – 9 = ___
61 – 7 = ___	65 – 8 = ___	67 – 9 = ___	82 – 3 = ___
76 – 9 = ___	32 – 4 = ___	94 – 8 = ___	43 – 8 = ___
24 – 6 = ___	41 – 3 = ___	22 – 4 = ___	84 – 7 = ___

3.

46 – 7 = ___	38 – 9 = ___	68 – 9 = ___	12 – 3 = ___
13 – 5 = ___	15 – 8 = ___	31 – 3 = ___	97 – 9 = ___
57 – 9 = ___	96 – 8 = ___	82 – 5 = ___	57 – 8 = ___
85 – 7 = ___	75 – 6 = ___	17 – 8 = ___	63 – 4 = ___
25 – 9 = ___	97 – 9 = ___	71 – 8 = ___	24 – 6 = ___

Verlag an der Ruhr | Claudia Herdemeier |
ISBN 978-3-8346-2255-6 | www.verlagruhr.de

Addition und Subtraktion im Zahlenraum bis 100

Was?

Bei der Addition und Subtraktion im Zahlenraum bis 100 geht es hier schwerpunktmäßig um folgende Aufgabentypen:

- ZE +/- Z
- ZE +/- ZE ohne Überschreitung
- ZE +/- ZE mit Überschreitung

Die Aufgabentypen „Z +/- Z" und „ZE +/- E" ohne Überschreitung wurden bereits bei dem Förderschwerpunkt „Analogieaufgaben im Zahlenraum bis 100" behandelt.
Der Aufgabentyp „ZE +/- E" mit Überschreitung findet sich im Förderschwerpunkt „Zehnerüberschreitung im Zahlenraum bis 100 der Form „ZE +/- E" mit Überschreitung" wieder.

Zur Bewältigung der Aufgabentypen „ZE +/- ZE" ohne und mit Überschreitung wird der Schwerpunkt auf die Lösungsmethode „Schrittweises Rechnen" gelegt. Bei dem schrittweisen Rechnen wird die Aufgabe so zerlegt, dass zuerst die Zehner, dann die Einer (z.B. 36 + 17 = 46 + 7 = 53) oder zuerst die Einer und dann die Zehner (z.B. 36 + 17 = 43 + 10 = 53) addiert bzw. subtrahiert werden.

Warum?

Die Lösungsmethode „Schrittweises Rechnen" wird als „Normalverfahren" für rechenschwache Kinder empfohlen.
(vgl. Radatz/Schipper/Dröge/Ebeling 1998, S. 46).

Dieses Verfahren ist insbesondere bei der Subtraktion mit Zehnerüberschreitung von Vorteil, da es keine Probleme erzeugt. Zudem ist das schrittweise Rechnen gut im Zahlenraum bis 1000 fortsetzbar, denn es kann für das Kopfrechnen mit dreistelligen Zahlen sinnvoll genutzt werden.
(vgl. Schipper 2005, S. 44)

Die Zehnerstangen und Einerwürfel sind für das Addieren und Subtrahieren im Hunderterraum gut geeignet. *„Ihr besonderer Vorzug liegt in der leichten Handhabbarkeit, der schnellen Übertragbarkeit in graphische Repräsentationen und in der gedanklichen Vorstellbarkeit."*
(Lorenz/Radatz 1993, S. 101).

Addition und Subtraktion ZR 100 – Übung 1

Material: Zehnerstangen und Einerwürfel in zwei verschiedenen Farben

Die folgende Übung dient dem grundlegenden Verständnis der Addition und Subtraktion im Zahlenraum bis 100. In den ersten zwei Beispielen ist der Verlauf der Übung anhand des Aufgabenformats „ZE +/- Z" beschrieben.

Das Kind legt für die Addition mit gleichfarbigen Zehnerstangen und Einerwürfeln den ersten Summanden (bzw. für die Subtraktion den Minuenden). Hier sollte auf eine horizontale Ausrichtung der Zehnerstangen geachtet werden (siehe Förderschwerpunkt „Zahlvorstellung im ZR bis 100", S. 81).

Bei der Additionsaufgabe werden zwei Zehnerstangen in einer anderen Farbe hinzugelegt, bei der Subtraktionsaufgabe werden drei Stangen weggenommen. Das Ergebnis der Aufgabe liegt veranschaulicht vor dem Kind.

Beispiel: 47 + 20 = 67

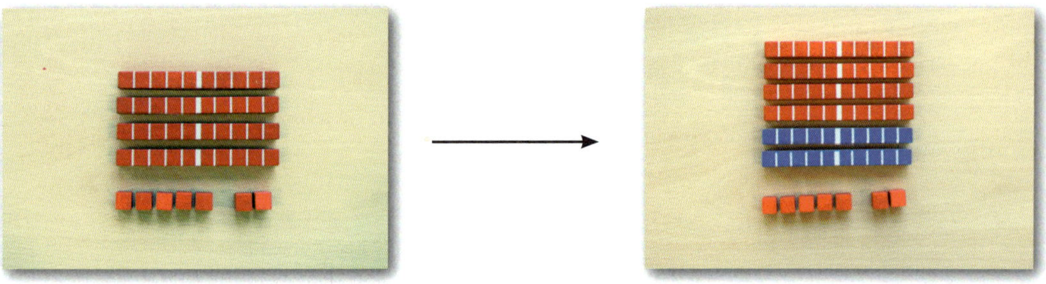

Beispiel: 53 – 30 = 23

In den nächsten zwei Beispielen ist der Verlauf der Übung anhand des Aufgabenformats „ZE +/- ZE ohne Überschreitung" beschrieben.

Das Kind legt mit den gleichfarbigen Zehnerstangen und den Einerwürfeln den ersten Summanden bzw. den Minuenden in einer Farbe. Bei der Addition werden die fehlenden Zehnerstangen und Einerwürfel in einer anderen Farbe hinzugelegt.

Beispiel: 43 + 32 = 75

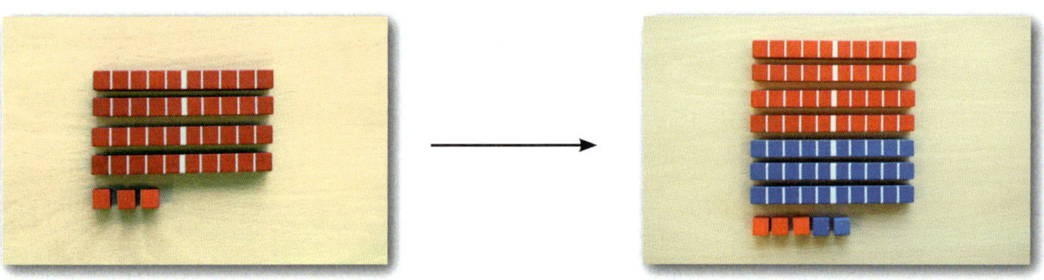

Bei der Subtraktion werden die Zehnerstangen und Einerwürfel des Subtrahenden weggenommen.

Beispiel: 65 – 23 = 42

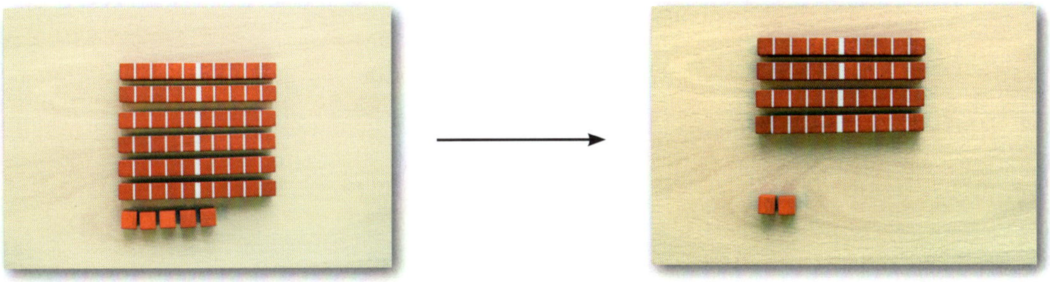

In den nächsten zwei Beispielen ist der Verlauf der Übung anhand des Aufgabenformats „ZE +/- ZE mit Überschreitung" beschrieben. Bei der Addition legt das Kind den ersten Summanden in einer Farbe (hier: 37). Es werden Zehnerstangen und Einerwürfel entsprechend dem zweiten Summanden in einer anderen Farbe hinzugelegt (hier: 2 Zehnerstangen und 6 Einerwürfel). Das Ergebnis liegt in Zehnerstangen und Einerwürfeln vor dem Kind (hier: 5 Zehnerstangen und 13 Einerwürfel).
10 Einerwürfel werden in eine Zehnerstange **umgetauscht**, sodass zuletzt die Ergebniszahl veranschaulicht ist (6 Zehnerstangen und 3 Einerwürfel für 63).

Beispiel: 37 + 26 = 63

Bei der Subtraktion wird zuerst der Minuend in einer Farbe gelegt (hier: 84).
Nun werden entsprechend des Subtrahenden die Zehnerstangen weggenommen (hier: 3 Zehnerstangen). Für die Wegnahme der Einerwürfel (hier: 7 Einerwürfel) muss eine Zehnerstange **entbündelt** werden, sodass zuletzt die Ergebniszahl (hier: 4 Zehnerstangen und 7 Einerwürfel) veranschaulicht vor dem Kind liegt.

Beispiel: 84 – 37 = 47

Addition und Subtraktion ZR 100 – Übung 2

Material: Arbeitsblätter „Rechnen mit ganzen Zehnern" und „Rechnen mit Zehnern und Einern (Seite 1/4)"

→ Addition und Subtraktion im ZR bis 100, KV 92, 93, S. 117/118

Zur Unterstützung des grundlegenden Verständnisses der Operationen lassen sich Aufgaben auf der zeichnerischen Ebene darstellen und lösen. Die Zehnerstangen werden durch Striche oder Balken, die Einerwürfel durch Punkte dargestellt. Das Kind soll zu einem vorgegebenen Bild die Aufgabe hinzuschreiben oder zu einer vorgegebenen Aufgabe die Zeichnung anfertigen.

Beispiele für den Aufgabentyp ZE +/- Z

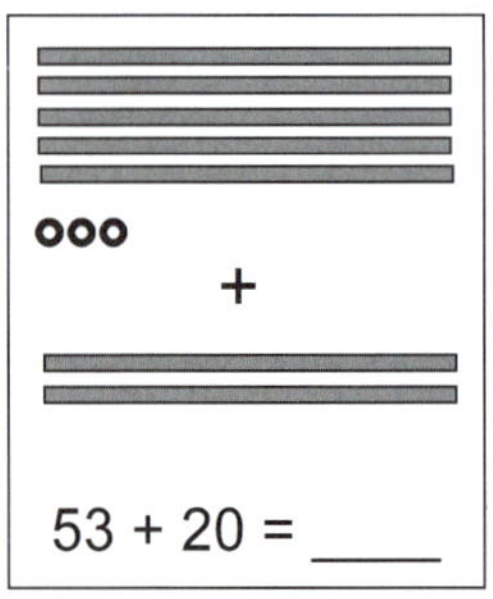

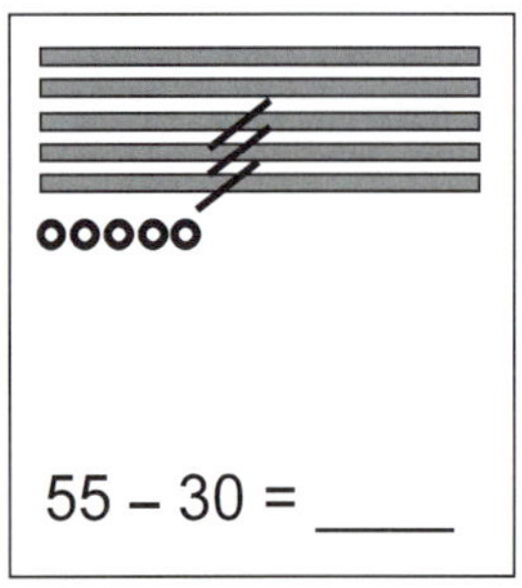

Beispiele für den Aufgabentyp ZE +/- ZE ohne Überschreitung

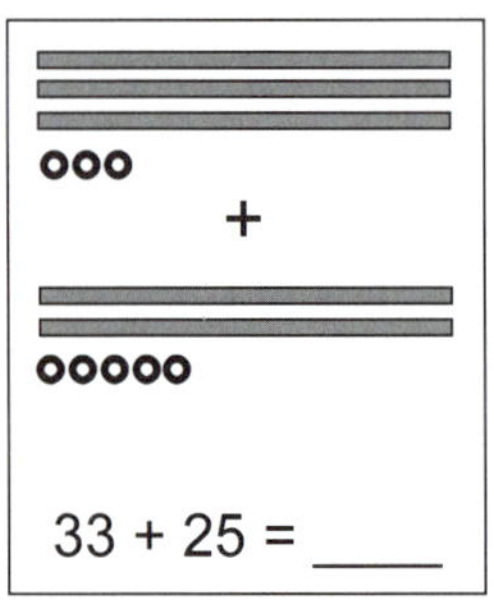

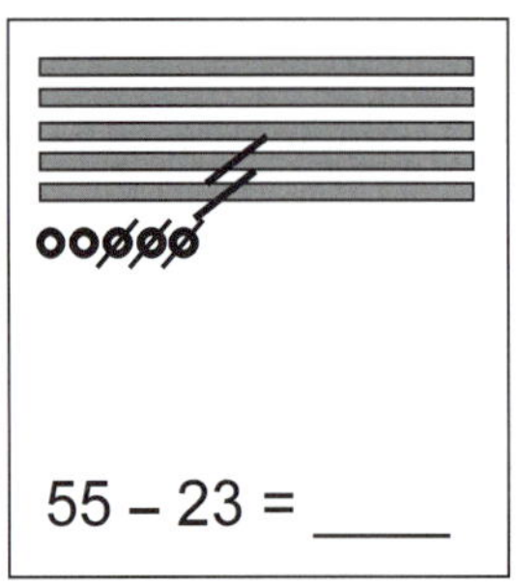

Addition und Subtraktion ZR 100 – Übung 3

Material: Arbeitsblatt „Rechnen mit Zehnern und Einern" (2/4)

→ Addition und Subtraktion im ZR bis 100, KV 94, S. 119

„Aufgabentyp ZE +/- Z" und „ZE +/- ZE ohne Überschreitung"

Das Kind rechnet Aufgaben der genannten Aufgabentypen. Hierbei kann das Kind zur Unterstützung der Zehner- und Einerstruktur die Ziffern für die Zehner und die Ziffern für die Einer in zwei unterschiedlichen Farben einfärben. Es ist darauf zu achten, dass das Kind die Zehner als Zehner und nicht als Einer benennt (z.B. bei 43 + 30 = 73 *„Vierzig plus dreißig gleich siebzig." oder „Vier Zehner plus drei Zehner gleich sieben Zehner."*)

Addition und Subtraktion ZR 100 – Übung 4

Material: Arbeitsblätter „Rechnen mit Zehnern und Einern" (3/4, 4/4)
→ Addition und Subtraktion im ZR bis 100, KV 95, 96, S. 120/121

„Aufgabentyp „ZE +/- ZE mit Überschreitung"
Als Hinführung zum genannten Aufgabentyp ist es sinnvoll, Zwischenformen bearbeiten zu lassen, bei denen zunächst die Zehner und dann die Einer addiert bzw. subtrahiert werden:

Beispiel für „ZE + ZE mit Überschreitung":
58 + 15 = 58 + 10 + 5 = 73
Ein Aufgabenpäckchen könnte folgendermaßen aussehen:
27 + 30 + 6 =
48 + 20 + 7 =
65 + 10 + 8 =

Beispiel für „ZE – ZE mit Überschreitung":
83 – 46 = 83 – 40 – 6 = 37
Ein Aufgabenpäckchen könnte folgendermaßen aussehen:
94 – 50 – 7 =
66 – 30 – 8 =
52 – 30 – 5 =

Es hat sich als hilfreich herausgestellt, wenn die Kinder die Möglichkeit haben, ein Zwischenergebnis als Merkhilfe zu notieren. Bei der Aufgabe „27 + 30 + 6 = 63" wäre ein geeignetes Zwischenergebnis die 57, bei der Aufgabe „94 – 50 – 7= 37" die 44.

Bei der Zehnerüberschreitung sollte darauf geachtet werden, dass die Kinder nicht wieder in zählende Verfahren zurückfallen, sondern den schrittweisen Zehnerübergang anwenden (siehe Förderschwerpunkt „Zehnerüberschreitung im Zahlenraum bis 20", S. 72). Bei Unsicherheiten bezüglich des schrittweisen Zehnerübergangs sollte dieser noch einmal mit Hilfe des 100er-Rechenrahmens wiederholt und gefestigt werden. Eine weitere Zwischenform besteht darin, dass der Aufgabentyp in zwei aufeinanderfolgende Aufgaben zerlegt wird.

Beispiel für ZE + ZE:
56 + 30 = 86
56 + 35 = 91

Beispiel für ZE – ZE:
76 – 40 = 36
76 – 48 = 28

Eine andere Form, die Zwischenschritte aufzuschreiben, zeigt sich darin, dass ein Zwischenergebnis im Rahmen der Aufgabe notiert wird.

Beispiel für ZE + ZE:
56 + 35 = 86 + 5 = 91

Beispiel für ZE – ZE:
76 – 48 = 36 – 8 = 28

Bei der verkürzten Notationsform für den Aufgabentyp „ZE +/- ZE mit Überschreitung" nennen die Kinder die Zwischenschritte und notieren das Ergebnis:
Beispiel für ZE + ZE: 56 + 35 = 91
Das Kind begleitet die Rechenschritte sprachlich, z.B.:
„Zuerst rechne ich 56 plus 30 gleich 86, dann addiere ich 4, gleich 90, und zum Schluss rechne ich 1 dazu." Oder kürzer: *„56 plus 30 gleich 86, plus 4 gleich 90, plus 1 gleich 91."* Oder noch kürzer: *„56 plus 30 gleich 86, plus 5 gleich 91"*.

Beispiel für ZE – ZE: 76 - 48 = 28

Auch hier sollte das Kind die Rechenschritte sprachlich begleiten, z.B.:
„Zuerst rechne ich 76 minus 40 gleich 36, dann rechne ich 36 minus 6 gleich 30, und zum Schluss rechne ich 30 minus 2 gleich 28."
Oder kürzer: *„76 minus 40 gleich 36, minus 6 gleich 30, minus 2 gleich 28."*
Oder noch kürzer: *76 minus 40 gleich 36, minus 8 gleich 28."*

Hinweis

Bei Unsicherheiten sollte auf konkretes Material zurückgegriffen werden, mit dem man das grundlegende Verständnis der Operationen unterstützt (siehe Übung 1 zum grundlegenden Verständnis). Bei den verschiedenen Aufgabentypen sollte jeweils zuerst die Addition gefestigt sein, bevor die Subtraktion erarbeitet wird. Wenn das Kind sowohl die Addition als auch die Subtraktion sicher beherrscht, bietet es sich zur weiteren Übung an, Additions- und Subtraktionsaufgaben zu mischen.

Erfahrungswerte:

Bei den genannten Aufgabentypen zur Addition/Subtraktion im Zahlenraum bis 100 lässt sich bei der Diagnose feststellen, dass die meisten rechenschwachen Kinder zur Bewältigung dieser Aufgaben streng mit den Stellen, d.h. „mit Ziffern" und nicht „mit Zahlen" rechnen. Bei den Aufgabentypen ZE +/- Z und ZE +/- ZE ohne Überschreitung kommen die Kinder erfolgreich mit ihrer Strategie zu einer Lösung. Die Schwierigkeiten stellen sich spätestens beim Aufgabentyp ZE +/- ZE mit Überschreitung ein, da hier das ziffernweise Rechnen durch die Überträge fehleranfällig ist. Beim ziffernweisen Rechnen, welches die Kinder meistens als Trick zu Hause gelernt haben, wird der Algorithmus der schriftlichen Addition bzw. der schriftlichen Subtraktion im Kopf ausgeführt. Dies führt häufig zu Fehlstrategien, die sich bei den Kindern einprägen. Durch das ziffernweise Rechnen verlieren die Kinder das Gespür für Zahlen. Die Stellenwerte werden nicht mehr als solche wahrgenommen, sondern die Aufgaben werden rein mechanisch abgearbeitet. Fehler werden nicht erkannt, da sich die Kinder auf den Algorithmus konzentrieren und den Wert der Zahlen nicht im Blick haben.
Mit Hilfe der Übungen zum grundlegenden Verständnis der Addition und Subtraktion im Zahlenraum bis 100 wird die Basis für das „Rechnen mit Zahlen" gelegt. Der Umgang mit den Zehnerstangen und den Einerwürfeln sowohl auf der enaktiven als auch auf der symbolischen Ebene fällt den Kindern zunehmend leichter.
Die Übungen zur Automatisierung der Addition und Subtraktion im Zahlenraum bis 100 ohne Anschauung werden von den Kindern unterschiedlich schnell bewältigt. Der Aufgabentyp ZE +/- ZE mit Überschreitung fällt den Kindern am schwersten, da hier mehrere Rechenschritte konzentriert ausgeführt werden müssen. Es hat sich als hilfreich erwiesen, Zwischenformen der Notation bearbeiten zu lassen, bevor die verkürzte Notationsform geübt wird.

Literaturhinweise

- *Schipper/Radatz 1993, S. 101, 134*
- *Padberg 1992, S. 90, 106*
- *Radatz/Schipper/Dröge/Ebeling 1998, S. 42–48*
- *Schipper 2005, S. 35–37, 44*

Rechnen mit ganzen Zehnern

1. Schreibe die Aufgabe.

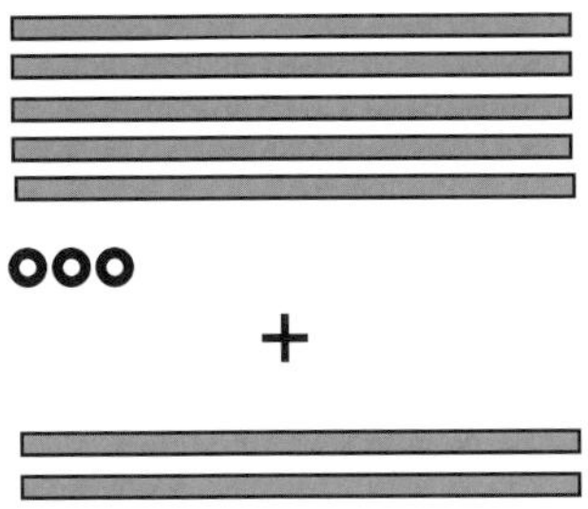

53 + 20 = ____

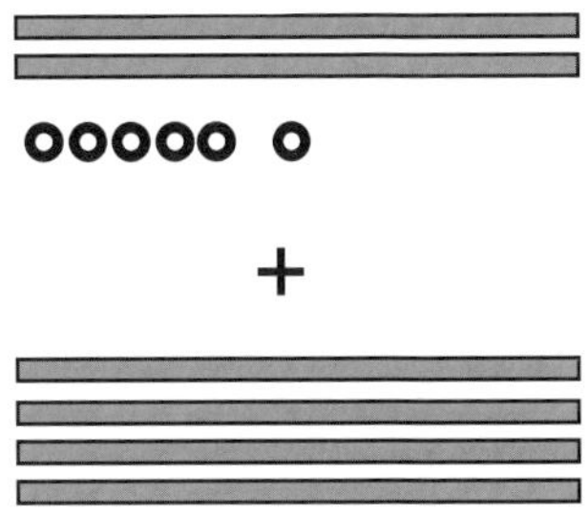

___ + ___ = ____

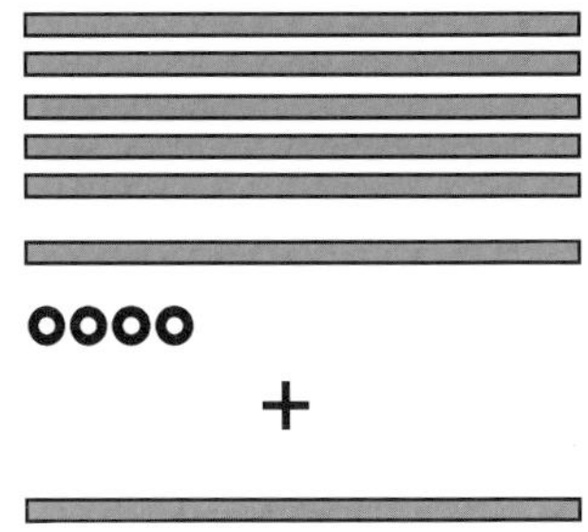

___ + ___ = ____

2. Zeichne.

61 + 30 = ____

20 + 14 = ____

43 + 40 = ____

3. Schreibe die Aufgabe.

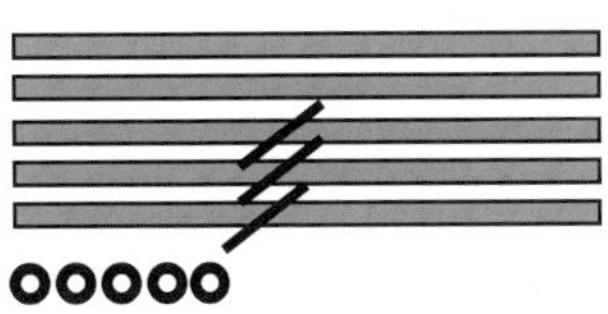

55 – 30 = ____

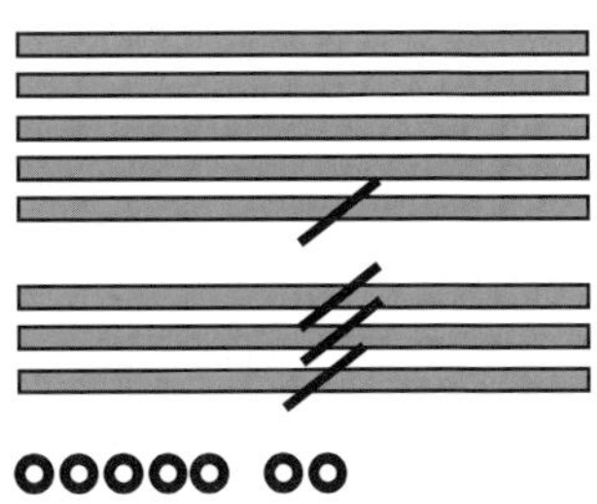

___ – ___ = ____

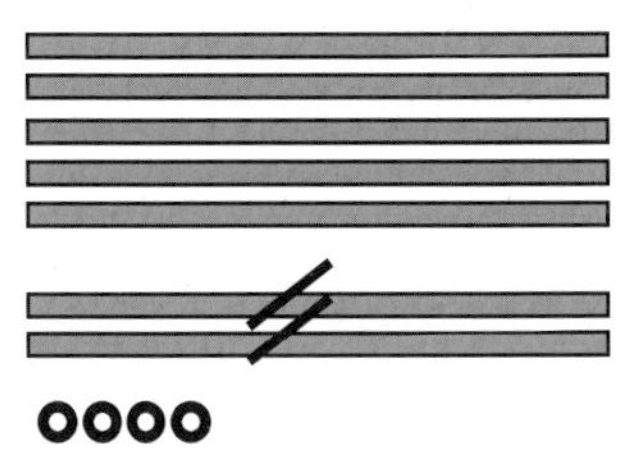

___ – ___ = ____

4. Zeichne.

49 – 20 = ____

53 – 50 = ____

67 – 40 = ____

Rechnen mit Zehnern und Einern (1/4)

1. Schreibe die Aufgabe.

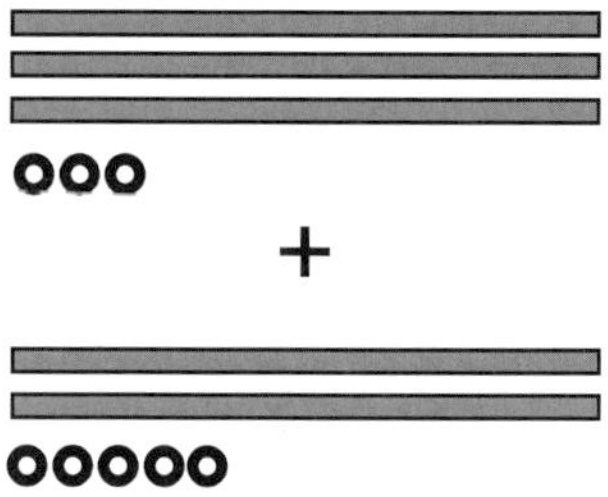

33 + 25 = ____

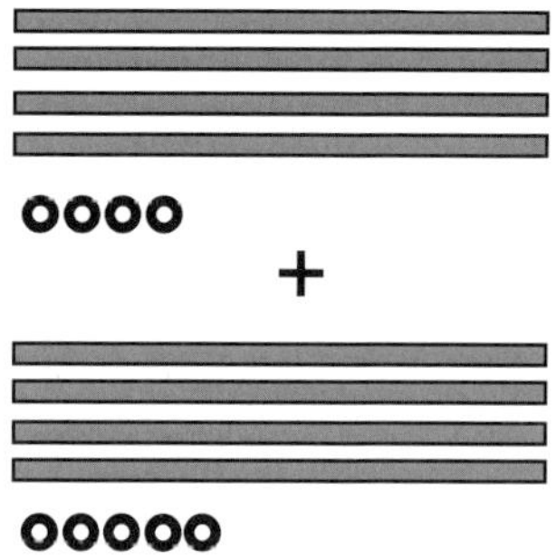

____ + ____ = ____

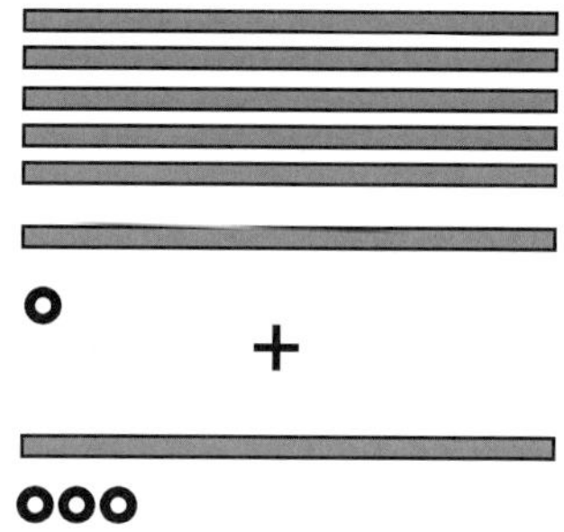

____ + ____ = ____

2. Zeichne.

25 + 32 = ____

71 + 16 = ____

46 + 22 = ____

3. Schreibe die Aufgabe.

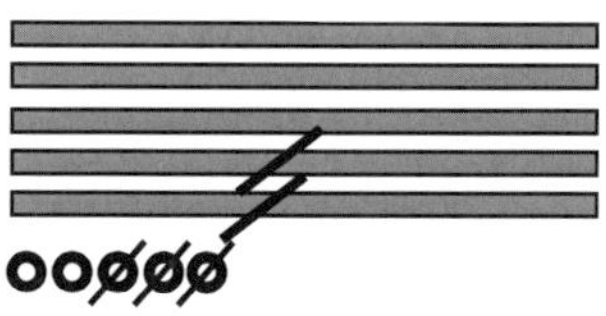

55 – 23 = ____

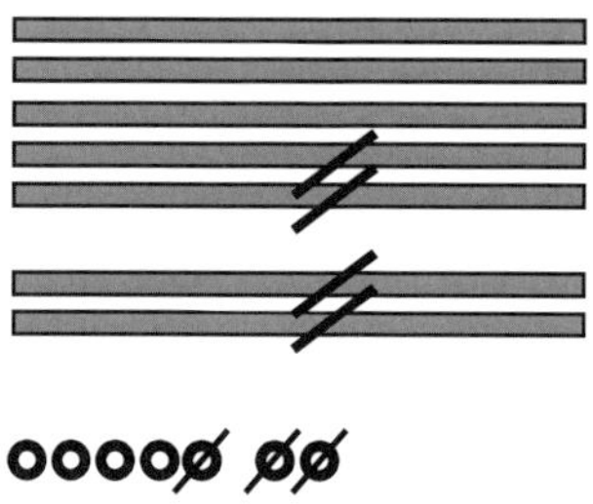

____ – ____ = ____

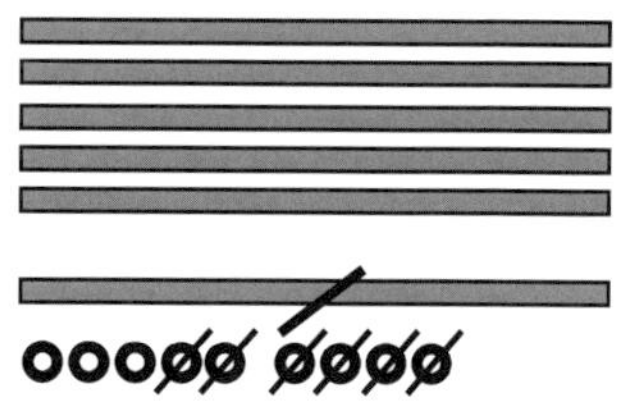

____ – ____ = ____

4. Zeichne.

38 – 15 = ____

86 – 64 = ____

97 – 92 = ____

Verlag an der Ruhr | Claudia Herdemeier |
ISBN 978-3-8346-2255-6 | www.verlagruhr.de

Rechnen mit Zehnern und Einern (2/4)

1.

37 + 20 = ___	77 – 20 = ___	43 + 30 = ___	49 + 10 = ___
78 + 10 = ___	83 – 70 = ___	96 – 40 = ___	60 + 22 = ___
66 + 30 = ___	58 – 40 = ___	50 + 27 = ___	94 – 70 = ___
70 + 28 = ___	38 – 30 = ___	82 – 60 = ___	67 – 60 = ___
40 + 43 = ___	63 – 10 = ___	30 + 56 = ___	10 + 76 = ___

2.

27 + 62 = ___	25 + 74 = ___	63 – 22 = ___	99 – 74 = ___
71 + 13 = ___	61 + 34 = ___	45 – 33 = ___	24 – 11 = ___
55 + 34 = ___	75 + 23 = ___	75 – 44 = ___	72 – 52 = ___
18 + 71 = ___	11 + 87 = ___	92 – 61 = ___	89 – 78 = ___
43 + 45 = ___	34 + 41 = ___	88 – 66 = ___	96 – 15 = ___

3.

70 + 23 = ___	79 – 20 = ___	30 + 65 = ___	29 + 70 = ___
44 + 50 = ___	76 – 65 = ___	64 – 21 = ___	40 + 33 = ___
46 + 52 = ___	84 – 83 = ___	47 + 52 = ___	67 – 43 = ___
80 + 11 = ___	25 – 10 = ___	72 – 50 = ___	83 – 22 = ___
52 + 34 = ___	46 – 30 = ___	45 + 22 = ___	64 + 25 = ___

Rechnen mit Zehnern und Einern (3/4)

1.

25 + 20 + 7 = ___	36 + 40 + 8 = ___	49 + 30 + 6 = ___	25 + 60 + 6 = ___
64 + 30 + 8 = ___	49 + 20 + 3 = ___	68 + 10 + 7 = ___	18 + 40 + 5 = ___
28 + 50 + 6 = ___	19 + 70 + 7 = ___	24 + 60 + 9 = ___	48 + 20 + 8 = ___
49 + 40 + 5 = ___	27 + 30 + 4 = ___	33 + 50 + 8 = ___	59 + 10 + 2 = ___
37 + 30 + 9 = ___	65 + 20 + 8 = ___	77 + 10 + 5 = ___	35 + 50 + 7 = ___

2.

37 + 44 = 77 + 4 = ____	26 + 57 = ___ + ___ = ____
59 + 27 = 79 + ___ = ____	67 + 18 = ___ + ___ = ____
45 + 38 = ___ + ___ = ____	59 + 22 = ___ + ___ = ____
28 + 53 = ___ + ___ = ____	18 + 63 = ___ + ___ = ____
76 + 16 = ___ + ___ = ____	55 + 36 = ___ + ___ = ____

3.

25 + 17 = ___	47 + 16 = ___	36 + 45 = ___	58 + 23 = ___
59 + 25 = ___	56 + 29 = ___	16 + 69 = ___	19 + 19 = ___
18 + 49 = ___	44 + 38 = ___	47 + 35 = ___	57 + 28 = ___
44 + 37 = ___	35 + 37 = ___	58 + 18 = ___	83 + 19 = ___
57 + 24 = ___	26 + 48 = ___	33 + 39 = ___	14 + 67 = ___

Verlag an der Ruhr | Claudia Herdemeier |
ISBN 978-3-8346-2255-6 | www.verlagruhr.de

Rechnen mit Zehnern und Einern (4/4)

1.

91 – 30 – 4 = ___	66 – 20 – 8 = ___	98 – 70 – 9 = ___	25 – 10 – 7 = ___
64 – 20 – 6 = ___	51 – 30 – 4 = ___	63 – 40 – 4 = ___	88 – 40 – 9 = ___
73 – 50 – 7 = ___	96 – 60 – 7 = ___	71 – 50 – 3 = ___	46 – 20 – 8 = ___
55 – 10 – 8 = ___	62 – 30 – 5 = ___	55 – 10 – 8 = ___	52 – 30 – 3 = ___
77 – 40 – 9 = ___	83 – 50 – 6 = ___	47 – 20 – 9 = ___	65 – 50 – 6 = ___

2.

83 – 56 = 33 – 6 = ____	78 – 29 = ___ – ___ = ____
54 – 18 = 44 – 8 = ____	92 – 74 = ___ – ___ = ____
72 – 45 = 32 – ___ = ____	85 – 38 = ___ – ___ = ____
65 – 28 = ___ – ___ = ____	41 – 23 = ___ – ___ = ____
96 – 79 = ___ – ___ = ____	66 – 27 = ___ – ___ = ____

3.

96 – 67 = ___	67 – 39 = ___	46 – 29 = ___	94 – 65 = ___
54 – 26 = ___	73 – 45 = ___	62 – 56 = ___	77 – 48 = ___
72 – 34 = ___	54 – 28 = ___	93 – 74 = ___	31 – 22 = ___
81 – 55 = ___	35 – 37 = ___	26 – 18 = ___	43 – 15 = ___
63 – 48 = ___	85 – 56 = ___	87 – 49 = ___	56 – 39 = ___

Barth, Karlheinz (2003):
Lernschwächen früh erkennen im Vorschul- und Grundschulalter, 4. Auflage. Ernst Reinhardt Verlag, München

Bürkner, Claudia/Grunst, Babette (1999):
PriMath Mathematik in der Primarstufe. Qualitätsentwicklung und Qualitätssicherung im Mathematikunterricht der Grundschule. Didaktisierte Materialien für die Lehrerfortbildung. Modul 3 „Aus Fehlern wird man klug – Individuelle Förderung auf der Basis von Fehleranalysen". Landesinstitut für Schule und Weiterbildung, Soest

Dehaene, Stanislas (1999):
Der Zahlensinn oder Warum wir rechnen können. Aus dem Amerikanischen von Anita Ehlers. Birkhäuser Verlag, Basel

Gaidoschik, Michael (2007):
Rechenschwäche vorbeugen. Ein Handbuch für LehrerInnen und Eltern. 1. Schuljahr: Vom Zählen zum Rechnen, 1. Auflage. G & G Verlagsgesellschaft, Wien

Ganser, Bernd (2004):
Rechenstörungen – Hilfen für Kinder mit besonderen Schwierigkeite beim Erlernen der Mathematik, 5. Auflage. Auer Verlag GmbH, Donauwörth

Ganser, Bernd (Hrsg.)/Schindler, Marianne/ Schüller, Sybille (2006):
Rechenschwäche überwinden. Fehleranalyse/ Lernstandsdiagnose mit Materialien und Kopiervorlagen Band 1, 3. Auflage. Auer Verlag GmbH, Donauwörth

Grissmann, Hans/Weber, Alfons (1996):
Grundlagen und Praxis der Dyskalkulietherapie. Diagnostik und Interventionen bei speziellen Rechenstörungen als Modell sonderpädagogisch-kinderpsychiatrischer Kooperation, 3. Auflage. Verlag Hans Huber, Bern

Kaufmann, Sabine/Wessolowski, Silvia (2006):
Rechenstörungen – Diagnose und Förderbausteine, 1. Auflage. Kallmeyer Verlag in Verbindung mit Klett. Erhard Friedrich Verlag GmbH, Seelze

Köppen, Dagmar (1994):
70 Zwiebeln sind ein Beet. Mathematikmaterialien im offenen Anfangsunterricht, 5. Auflage. Beltz Verlag, Weinheim und Basel

Lorenz, Jens Holger (2003):
Lernschwache Rechner fördern. Ursachen der Rechenschwäche. Frühhinweise auf Rechenschwäche. Diagnostisches Vorgehen. Lehrer-Bücherei: Grundschule. Herausgegeben von Horst Bartnitzky und Reinhold Christiani, 1. Auflage. Cornelsen Verlag Scriptor GmbH & Co. KG, Berlin

Lorenz, Jens Holger/Radatz, Hendrik (1993):
Handbuch des Förderns im Mathematikunterricht. Schroedel Schulbuchverlag GmbH, Hannover

Lorenz, Jens Holger/Schipper, Wilhelm (Hrsg.), Hendrik Radatz (2007):
Impulse für den Mathematikunterricht. Bildungshaus Schulbuchverlage, Braunschweig

Maier, Hermann (1990):
Didaktik des Zahlbegriffs. Ein Arbeitsbuch zur Planung des mathematischen Erstunterrichts. Schroedel Schulbuchverlag GmbH, Hannover

Milz, Ingeborg (1997):
Rechenschwächen erkennen und behandeln. Teilleistungsstörungen im mathematischen Denken, 4. Auflage. borgmann publishing GmbH, Dortmund

Ministerium für Schule und Weiterbildung des Landes Nordrhein-Westfalen (2008):
Richtlinien und Lehrpläne für die Grundschule in Nordrhein-Westfalen. Mathematik. Ritterbach Verlag, Düsseldorf

Müller, Gerhard N./Wittmann, Erich Ch. (Hrsg.) (1995):
Mit Kindern rechnen. Beiträge zur Reform der Grundschule – Band 96. Arbeitskreis Grundschule - Der Grundschulverband – e.V., Frankfurt am Main

Padberg, Friedhelm (1992):
Didaktik der Arithmetik. Lehrbücher und Monographien zur Didaktik der Mathematik. Band 7. Herausgegeben von N. Knoche und H. Scheid, 2. Auflage. Wissenschaftsverlag Mannheim, Leipzig, Wien, Zürich

Radatz, Hendrik (1980):
Fehleranalysen im Mathematikunterricht. Friedrich Vieweg & Sohn Verlagsgesellschaft mbH, Braunschweig

Radatz, Hendrik/Schipper, Wilhelm/Dröge, Rotraut/Ebeling, Astrid (1996):
Handbuch für den Mathematikunterricht 1. Schuljahr. Schroedel Verlag GmbH, Hannover

Radatz, Hendrik/Schipper, Wilhelm/Dröge, Rotraut/Ebeling, Astrid (1998):
Handbuch für den Mathematikunterricht 2. Schuljahr. Schroedel Verlag GmbH, Hannover

Scherer, Petra (1999):
Produktives Lernen für Kinder mit Lernschwächen. Fördern durch Fordern. Band 1: Zwanzigerraum. Ernst Klett Grundschulverlag GmbH, Leipzig

Schipper, Wilhelm (2009):
Handbuch für den Mathematikunterricht an Grundschulen. Bildungshaus Schulbuchverlage, Braunschweig

Schulz, Andrea (1997):
Fördern im Mathematikunterricht. Was kann ich tun?, 1. Auflage. paetec Gesellschaft für Bildung und Technik mbH Berlin. Ernst Klett Schulbuchverlag GmbH, Stuttgart, Düsseldorf, Berlin, Leipzig

Selter, Christoph/Spiegel, Hartmut (2001):
Wie Kinder rechnen, 1. Auflage. Ernst Klett Grundschulverlag Leipzig, Stuttgart, Düsseldorf

Staatsinstitut für Schulpädagogik und Bildungsforschung München (Hrsg.) (1992):
Erstrechnen. Teil 1, Grundlegende mathematische Fähigkeiten. Handreichung für Sonderpädagogische Diagnose- und Förderklassen, Würzburg

Walther, Gerd/van der Heubel-Panhuizen, Marja/Granzer, Dietlinde/Köller, Olag (Hrsg.) (2008):
Bildungsstandards für die Grundschule: Mathematik konkret. Aufgabenbeispiele. Unterrichtsanregungen. Fortbildungsideen. Lehrer-Bücherei Grundschule. Cornelsen Verlag Scriptor GmbH & Co. KG, Berlin

Wittmann, Erich Ch./Müller Gerhard N. (1994):
Handbuch produktiver Rechenübungen. Band 1, Vom Einspluseins zum Einmaleins, 2. Auflage. Ernst Klett Schulbuchverlag Stuttgart, Düsseldorf, Berlin, Leipzig

Wittmann, Erich Ch./Müller Gerhard N. (2004):
Das Zahlenbuch 1, Lehrerband. Ernst Klett Grundschulverlag GmbH, Leipzig

Internetquelle

Schipper, Wilhelm (2005):
SINUS-Transfer Grundschule, Mathematik, Modul G 4: Lernschwierigkeiten erkennen – verständnisvolles Lernen fördern. Kiel www.sinus-grundschule.de

Literaturtipps

Kristina Bach (et al.):
Sinnvoll Mathe üben mit ergiebigen Aufgaben. (2 Bände)
Verlag an der Ruhr, 2010.
ISBN 978-3-8346-0706-5 (Kl. 1)
ISBN 978-3-8346-0707-2 (Kl. 2)

Jan Boesten:
Mein Mathe-Lernheft: Grunderfahrungen/Rechnen im Zahlenraum bis 10.
Kl. 1, Verlag an der Ruhr, 2012.
ISBN 978-3-8346-2256-3 (Heft 1)
ISBN 978-3-8346-2257-0 (Heft 2)

Jan Boesten:
Die Mathe-Knobel-Kartei. Denk- und Sachaufgaben in 3 Differenzierungsstufen.
Verlag an der Ruhr, 2011.
ISBN 978-3-8346-0777-5 (Kl. 1/2)
ISBN 978-3-8346-0778-2 (Kl. 3/4)

Christine Fink:
55 Fünf-Minuten-Matheübungen.
Kl. 1–4, Verlag an der Ruhr, 2011.
ISBN 978-3-8346-0915-1

Bernd Ganser (et. al):
Rechenschwäche überwinden.
2 Bände, Auer, 2010/2011
ISBN 978-3-4030-3920-4 (Band 1)
ISBN 978-3-4030-4277-8 (Band 2)

Virginia Johnson:
Mathe kann man anfassen.
225 Ideen und Materialien für den handlungsorientierten Anfangsunterricht.
5–7 Jahre, Verlag an der Ruhr, 2008.
ISBN 978-3-8346-0429-3

Sabine Kaufmann, Silvia Wessolowski:
Rechenstörungen – Diagnose und Förderbausteine.
Klett-Kallmeyer, 2006.
ISBN 978-3-7800-2077-2

Jens-Holger Lorenz, Hendrik Radatz:
Handbuch des Förderns im Mathematikunterricht.
Schroedel, 1993.
ISBN 978-3-5073-4044-2

Angela Maak, Katrin Wemhöhner:
Mathe mit dem ganzen Körper:
50 Bewegungsspiele zum Üben und Festigen.
Kl. 1–4, Verlag an der Ruhr, 2007.
ISBN 978-3-8346-0315-9

Friedhelm Padberg:
Fördern im Mathematikunterricht der Primarstufe.
Spektrum Akademischer Verlag, 2010.
ISBN 978-3-8274-1962-0

Redaktionsteam Verlag an der Ruhr:
Merk-Poster für den Klassenraum – Mathe-Wissen auf einen Blick.
Verlag an der Ruhr, 2011.
ISBN 978-3-8346-0870-3 (Kl. 1/2)
ISBN 978-3-8346-0871-0 (Kl. 3/4)

Internettipps

www.pikas.tu-dortmund.de/material-pik/ausgleichende-foerderung/index.html
„PIK AS" Das Kooperationsprojekt zur Weiterentwicklung des Mathematikunterrichts an Grundschulen – Modul 3.1: „Rechenschwierigkeiten vorbeugen – von Anfang an!"

www.mathestudio-herdemeier.de
Die Homepage der Autorin mit Infos zu privaten Fördermöglichkeiten im „Mathe-Studio".

Die in diesem Werk angegebenen Internetadressen haben wir geprüft (Stand September 2012). Da sich Internetadressen und deren Inhalte schnell verändern können, ist nicht auszuschließen, dass unter einer Adresse inzwischen ein ganz anderer Inhalt angeboten wird. Wir können daher für die angegebenen Internetseiten keine Verantwortung übernehmen.